山形怪談

黒木あるじ

竹書房
怪談
文庫

まえがき

山形は、なんてつまらない処《ところ》なのだろう――。

十八歳の春、進学のため山形県へ越してきた際に私が抱いた、正直な印象です。

東西南北どこを向いても山しか見えないし、若者が遊べる場所は皆無だし、コンビニも十二時で閉まるし、山形弁は訛《なま》りが強くて理解できないし（のちに「村山弁だ」と県民に怒られるのですが）、名物は蕎麦だの芋煮だの野暮ったいものばかりだし――などと私はすべてに不満をおぼえていました。

いま思えば生まれてはじめて故郷を離れた心細さや、大学で友人ができない寂しさ、隣の大都会・仙台に対する羨ましさなど、様々な思いが交錯していたのでしょう。ともあれ、山形は退屈きわまる田舎にしか見えなかったのです。

けれどもしばらく暮らすうち、私はそれが誤解であることに気づきました。

山には神とも異形ともつかぬ存在が祀《まつ》られ、聞いたこともない伝承や禁忌《きんき》があちこちに残っているのです。里では信仰とも習俗ともつかぬ奇妙な行事がおこなわれており、古老のお喋りには狐火や河童があたりまえのように登場するのです。

山形は、なんて怪しい処なのだろう。なんて愉《たの》しい処なのだろう――。

そのように悟って四半世紀。魅力に囚われた私はいまも〈怪の里〉に暮らしています。

願わくば、より多くの人に〈怪しくも愉しいこの土地〉を知ってもらいたい。

そんな願いから生まれたのが、本書『山形怪談』です。

普段、私は自身が蒐《あつ》めた奇妙な体験、いわゆる実話怪談を書いているのですが、本書では民俗資料や郷土史料など、文献に載る「怪しい譚《はなし》」も併せて紹介することにしました。

はるか昔の先人たちも、現代に生きる我々とおなじく怪しい山形を愉しんでいたのだ——そのように感じてもらえれば、嬉しく思います。


そういえば、山形は総面積の七割が山地なのだそうです。まさに山の県なのです。

古来、山はそれ自体が神と同一視されていたとか。また「人は死ねば山へ還《かえ》る」という信仰もあります。加えて天狗《てんぐ》や鬼、山女など怪しいモノの説話にも事欠きません。

山は神の棲まう場所であり、死者の還る故郷であり、怪異の満ちる異境なのです。

つまり山形の人々は神界のすきま、他界のあわい、異界のはざまに住んでいるのです。

だから——なにに遭っても、なにが起きても、不思議ではないのです。

さあ、そろそろ出羽《でわ》路に旅立つとしましょう。ようこそ、山形へ。

秋田県
鳥海山
遊佐町
甑山
最上
地域
庄内
地域
真室川町
金山町
酒田市
鮭川村
飛島
三川町
新庄市
最上町
戸沢村
舟形町
羽黒山
出羽三山
鶴岡市
庄内町
月山
大蔵村
大石田町
尾花沢市
湯殿山
宮城県
村山市
西川町
寒河江市
河北町
東根市
大江町
天童市
中山町
立石寺(山寺)
新潟県
朝日町
山辺町
山形市
村山
地域
白鷹町
長井市
上山市
南陽市
小国町
置賜
地域
高畠町
川西町
飯豊町
米沢市
福島県

庄内地方

庄内平野と出羽三山を有する日本海沿岸エリア。鶴岡市の武家文化と酒田市の商人文化に出羽三山の修験文化が融合した、多層的な文化を有している。日本でもっとも〈即身仏〉が多い地域として知られるほか、〈化けもの祭り〉や〈大山犬祭り〉など数々の奇祭でも有名。「花のあと」など藤沢周平作品に登場する海坂藩は、庄内藩がモデルとされている。

最上地方

新庄市を中心とした県北部エリアで、県有数の豪雪地帯。雪景色が人気の銀山温泉や、積雪ニュースで名の挙がる肘折温泉などが有名。民話の豊富さでも知られており、新庄市は毎年「みちのく民話まつり」を開催している。神室山の天狗伝説をモチーフにした新庄市の公式キャラクター「かむてん」は、漫画家・冨樫義博氏（新庄市出身）のデザインである。

置賜地方

米沢市を中心とする県南部エリア。米沢藩の影響がいまなお色濃く残る反面、宮城・福島・新潟の3県と隣接しており、市町によって文化が大きく異なる。長井市の〈むかで獅子〉や高畠町の〈犬の宮・猫の宮〉など独自の神事や信仰も多い。ちなみに明君と名高い米沢藩主・上杉鷹山は現在も尊敬の対象であり、「鷹山公」と呼ばない者は米沢市民の怒りを買う。

村山地方

山形盆地を中心に形成される内陸部エリア。県民のおよそ半数が住んでおり、県庁所在地である山形市のほか、奇習〈カセ鳥〉で有名な上山市や村人を祟り殺した〈与次郎狐〉を祀る東根市など14市町で構成されている。また、村山地方一円には死者の婚礼を絵に描く風習〈ムカサリ絵馬〉が伝わっており、現在でも奉納する者は少なくない。

目次

1 山の妖し

2 神とホトケ

3 魔物とケモノ

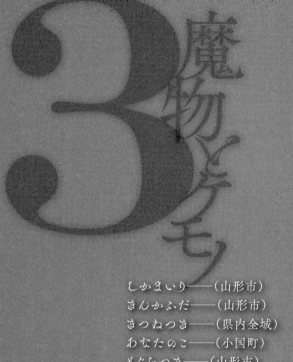

1

山の妖し

おかえし――（西川町）

県内在住の男性より、こんな譚《はなし》を聞いている。
彼の祖父――D氏が三十代半ば、西村山《にしむらやま》郡に暮らしていたころの出来事だそうだ。

ある日の真夜中、氏は妙な物音で目を覚ました。

さあ、さあ、さあ。竹箒《たけぼうき》の先で地べたを撫ぜるような音が、戸外から聞こえている。

野良猫か、それとも狸《たぬき》だろうか。さすがに泥棒じゃ――ないよな。

気になって眠るどころではない。D氏は布団を抜けだして窓へ近づき、カーテンを指でわずかに開け、外を覗いたのだという。

「……あいつは」

男がひとり、門扉の脇に猫背で佇《たたず》んでいる。

歩いて五分ほどの川向かいにある油屋の次男だった。

見知った顔とはいえ、往来で挨拶する程度の間柄にすぎない。たしか次男は独り身で、両親と兄夫婦、幼い甥と一緒に暮らしているはずだった。

男は突っ掛けを引きずりながら、D氏宅のまわりをべたべたと歩いている。軽く握った掌《てのひら》からは、ときおり灰のような粉末が、さあ、さあ、と溢《あふ》れていた。

音の正体は判《わか》ったが、そんな真似をしている理由はまったく見当がつかない。

首を傾げる彼をよそに、男は粉を撒き終えると汚れた手をズボンで叩《はた》き、夜の向こうにべたべたと去っていった。

追いかけて詰問《きつもん》しようかと思ったものの、敷地の外を歩いていただけであるから「夜の散歩をしていただけだ」と云われてしまえば、それ以上は追求できない。

それ以前に、話しかけるのがなんだか恐ろしい。

男の目的が判然としない以上、関わらないのが吉だとは思う。とはいえ、得体の知れぬ粉をこのまま放置しておくのも薄気味が悪い。

さて、どうしようか――逡巡《しゅんじゅん》のすえ、氏は箒で粉を掃き集めると、塵取《ちりと》りを手に油屋へ向かい、玄関先に散らしておいた。要は「ひとまず返しておいた」わけである。

以降はさしたる騒動もなく、D氏自身すっかりこの出来事を忘れていたのだが――。

まもなく、男の家では不幸が相次いだ。

両親が急な病《やまい》で立て続けに亡くなり、なりゆきで店の経営を受け継いだ兄は交通事故で即死。その葬儀からほどなくして、兄の幼い長男が近くの溜め池へ浮かんだ。相次ぐ夫と息子の死に兄の妻は正気を失い、笑いながら病院へ運ばれていった。その後のことは誰も知らない。

当の次男は「山菜採りに行く」と出かけたまま連絡が取れなくなり、数日後に自宅裏の藪《やぶ》で死体が見つかっている。

死体はなぜか膝を抱えた姿で、胃から喉までいっぱいに草が詰まっていたという。

こうして半年あまりのうちに、男の家は全員が居なくなってしまったのである。

前記を拝聴したのは、およそ六年前になる。

興味深い内容ではあったのだけれど、男が撒いたという粉の正体が判然としないため、「このまま書いても消化不良になるだろう」と思い、お蔵入りにしていたのである。

ではなぜ、今回は文章化したのかといえば――本書を執筆するために県内の郷土資料を調べていたおり、某町に伝わる〈人を呪う方法〉を発見したからだ。

【人に知られぬようにして山形の立石寺《りっしゃくじ》または青森の恐山《おそれざん》より死人の骨粉か焼灰を持って来て、のろいをかける家の周囲に三回まいて廻る】

『山形県西村山郡西川町 大井沢中村の民俗』

立石寺は、山寺の通称で知られた古刹《こさつ》である。

全国的には松尾芭蕉《まつおばしょう》が句を詠んだことで有名な山寺だが、山形では「死ぬと魂は山寺に還る」と古くから信じられていた。その信仰は、広大な境内にも色濃く反映されている。山門をくぐった先に待ちかまえているのは、亡者の衣装を剥《は》ぎとる奪衣婆《だつえばば》。奥の院へ続く石段脇の岩盤には岩塔婆《とうば》が彫られ、念仏車と呼ばれる車輪付きの卒塔婆《そとば》がならんでいる。現在は廃《すた》れているが、かつては七月七日の例祭にオナカマと呼ばれる巫女《みこ》が来て口寄せをおこなっていたという。

山寺は、霊が集う山なのだ。

そして、山形市近郊では遺骨の一部や歯を山寺の奥の院で供養する風習〈歯骨納骨〉が現在も残っており、葬儀では分骨箱へ歯骨を納める。

骨や歯を納める——つまり。

油屋の男が撒いていた粉は〈死人の粉〉だったのではないか。

山寺から盗んだ遺灰を撒き、呪いをかけていたのではないか。

だからこそ、呪いを返されて男は家ごと滅んだのではないか。

それにしても、油屋の次男はなにをそこまで怨んでいたのだろう。

本稿を書くに際し、私は改めて話者の男性へ連絡を取ってみた。しかし「すでに祖父も鬼籍に入って久しいため、語った以上のことはなにも判らない」との答えだった。

ただ――最後に男性は「関係あるかどうか不明ですけど」と前置きしてから、ひとつの事実をこっそり教えてくれた。

四十年以上が過ぎたいまも、油屋の家はなぜか無人のまま残っているのだという。

炭とおがあ――(最上町)

ガスや灯油が普及する昭和三十年代まで、炭は生活に欠かせない燃料だった。暖房や炊事はもとより、養蚕《ようさん》農家では幼虫が凍死しないよう木炭で蚕室《さんしつ》を温め、タバコ農家では葉を乾燥させるために炭が必需品とされていた。

山形でも炭焼きは重要な産業のひとつだった。材料となる原木を山で調達し、農閑期になると炭山へ籠《こも》って窯《かま》を作り、できあがった木炭を俵に詰めて里まで運ぶ。炭を焼く者は山に暮らし、山と暮らし、山でしばしば不思議な目に遭った。

最上町《もがみまち》で炭焼きを営んでいた、斎藤正氏の譚である。

その日、氏はいつものように炭焼き窯へ火を入れていた。

おこなっていたのは、窯の入り口で雑木を燃やして生木を乾燥させる〈口焚き〉という工程である。これを二、三日続けてから窯を密閉し、炭の出来を数日間にわたり監視する。一度火が点いてしまえば、数日間は窯のそばを離れられないのだという。

ところが、その日はどうも様子がおかしかった。

いつまで経っても窯は冷たいまま、いっかな火の点く気配がないのである。何度となく種火を挿してみたものの、窯からは煙のひとすじさえ立たなかった。

長らく炭焼きに従事している氏ですら、はじめての事態であった。

これほどまでに燃えないのは、なにか意味があるのだろう。

山では理解のおよばぬことが侭《まま》ある。そういうときは受け入れるのが最善だ。

「仕方ねえ、今日は木《き》だけ伐って行《い》くかあべ」

彼は口焚きを諦め、炭の原木を伐採することにした。

と──ひと仕事終えて沢まで下りてくると、

「おおいっ、おおいっ」

おなじ集落に住む親戚の男が、こちらに向かって叫んでいる。

いったいどうした──そう訊ねるより早く、男は沢の下から、

「お前のお母《が》ぁ、蜂に刺されだぞ。いまいま死にそうだ」

抱えていた木をその場に放りなげ、氏は家に飛んで帰った。

おかげで、傷だらけの母をなんとか看取ることができたという。

もし窯が燃えていたら、死に目には逢えなかっただろう──とは、氏の詞《ことば》である。

「お母ぁが〝早ぐ家サ戻ってこい〟って、火ィ消したんだべな。ありがだい」

正氏の妻・静さんも奇妙な体験をしている。

義母が亡くなった翌年、彼女は胃のあたりに違和感をおぼえた。腹部を指先で押すと、球のようなごろりとした物体があたる。

なんだか、善くないモノのような気がした。

もしや腫瘍ではないか。胃癌ではないのか。

青ざめた静さんは、直ぐにかかりつけの医者へと駆けこんだ。

ところが――ないのである。

自分が触ったときには球体の感触があるのだが、医師が触診すると、まるで身体の奥へ逃げこんだかのごとく消えてしまうのだ。

「お前《め》みでぇの来《く》っと、銭が儲かっていいなあ」

顔なじみの医師は軽口を叩いたが、笑う気になどなれない。

どうしようか悩みに悩んだすえ、彼女は下白川《しもしらかわ》に住む〈神様〉を訪ねることにした。

つまり、神おろしを生業とするミコに相談したのである。

山形では巫業《ふぎょう》に就く女性――オナカマ・ワカ・ミコなど、名称は地域で異なる――が集落ごとに存在し、死者の声を聞く〈ホトケオロシ〉や、託宣を告げる〈カミオロシ〉をおこなっていた。困りごとの際に彼女たちを訪ねるのは、珍しいことではなかった。

神様は静さんの顔を見るなり、

「お母ぁだな」

即答した。

「蜂に刺さって死んだべ」

義母の死因など知る由もないのに、澱みなく答えた。

おろおろする静さんを前に、神様はほんのすこし表情を緩めた。

「遺《のご》さっだ家族が心配でお前の身体《からだ》サ入ったなだ。んださげ《だから》」

一心に拝め。それであの世サ帰る。

神様が平然と告げて、託宣は終わった。

半信半疑ながらも、彼女は云われるがまま母の墓前へお参りを続けた。

すると、墓参りをはじめて三日めの朝――。

静さんの体内の異物は嘘のように消えたのである。

かみかくし——（県内全域）

山では、ときおり人間が忽然《こつぜん》と消え失せる。古くはこれを〈神かくし〉と呼んだ。

山形も、神かくしにまつわる譚は多い。幾つかは過去作に記したが、この機会に改めて紹介したいと思う。

先ずは、明治四十年ごろの出来事を語ろう。

新庄《しんじょう》市御旗町（現在の同市鉄砲町）の溝辺という主婦が、金沢山へ蕨《わらび》採りに出かけて行方知れずになった。

親戚や近所の者が山狩りをおこなったものの、死体さえ見つからない。人々は「これは神かくしに遭ったのだろう」と噂し、まもなく捜索は打ちきられた。

それから、およそ二十年後——彼女の娘を、秋田の狩人が訪ねてきた。

「お前の母親に遭ったぞ」と云うのである。

過日、狩人はとある山中に迷いこみ、川で洗濯する老婆に遭遇したのだという。

老婆は「此処《ここ》は人の来る処ではない」と下山を促し、「妾《わたし》は御旗町の溝辺だ。蕨採りに行ったところ雷雨に見舞われて樹下《じゅか》で休んでいたが、気づくと此処に居たのだ」と云った。

なぜ帰らないのか訊ねる狩人に、老婆は、

「恐ろしいモノが居るので帰れない。昼は姿を見せず、夜になるとやってきては一日一回汁を飲まされる。美味くはないが、歳を取らぬ薬だというから飲んでいる」

そう教えてくれた。

狩人は「どうにか下山したが、その山が何処なのか、どの道から入ってどう帰ったのか、いずれも明瞭《はっき》り憶えてない」と娘に告げて、立ち去った。

溝辺は二度と帰らなかった。


大正時代も末、やはり新庄市の鉄砲町《てっぽうまち》に住むフサヨという娘が、松茸採りに行ったまま帰らないので大騒ぎになった。

ところが昭和四、五年ころ、トメという娘が新庄祭りへ遊びに出かけたおり、人混みのなかにフサヨらしき女を見つけた。

近づいてみれば女はたしかにフサヨその人で、八月だというのにぼろぼろの着物に蓑《みの》をかぶっている。トメが声をかけるとフサヨは「久しぶりだな」と喜んで、「いまは甑山《こしきやま》の及位《のぞき》に暮らしている。天狗の嬶《かか》ぁになったんだ」と答えた。

フサヨは行方知れずになったときより若々しく、小娘のような肌艶をしている。トメがそのことを問うなりフサヨは顔をさっと曇らせて「年に一度、天狗に脇の下から血を吸われるから若いのだ。けれども、それがいちばん辛い」と云うや、「家に帰ろう」と引き留めるトメたちを恐ろしい力で振りはらい、人ごみに紛れてしまった。

以来、姿を見た者は誰もいない。


昭和十七年六月の出来事である。

羽黒町《はぐろまち》（現在の鶴岡市羽黒地区）に住む男が、山へ出かけたまま行方が知れなくなった。集落総出で捜索したものの見つからない。すこしばかり頭の弱い男であったから、みなは「何処に行ったか知らないが、もう助かるまい」と諦めた。

ところが、行方不明から四日目の夜。

三里あまり先の山で炭焼きをしていた男が、くだんの男を連れてきた。

炭焼きによれば男は襦袢《じゅばん》一枚きりで、地下足袋《ぢかたび》と草鞋《わらじ》を片方ずつ履いている、なんとも異様なありさまであったという。

肝心の男に疲れた様子はなく「何処へ行っていたのか」と訊ねる家族に、「昨晩は、老夫婦と美しい娘が住む山の一軒家に泊めてもらった。歓待されて、柔らかな絹の寝間着まで与えられたが、冷たい風が顔にあたるので、寒くて寝つかれなかった」へらへらとした様子で、そのように答えた。

家族はさらに「昨晩はともかく、その前の晩はどうしていた」と問うたが「ひと晩しか経っていない」と、不思議そうな顔をしている。

結局、それ以上はなにも判らなかった。

男が着ている襦袢のふところには、季節はずれのブナの実が山ほど入っていたそうだ。

その後も男はたびたび神かくしに遭っては人々を騒がせたが、終戦からまもないころの夜明けに厠《かわや》へ立ったきり姿を消し、田圃《たんぼ》で溺れ死んでいるところを発見された。

最後は、筆者自身が聞いた譚を記しておきたい。

昨年八月、私は山形県立図書館で開催されたトークイベントに参加している。ちょうど「山の日」であったため、山形の山にちなむ怪談を紹介してほしいと請われたのである。

本番では山形の怪談とともに、右記の〈羽黒で神かくしに遭った男〉の話を紹介した。

と、イベント終了後――ロビーで佇む私に、ひとりの男性が近づいてきた。

「いやいやいや、さきほどの神かくしの話、たいそう驚きまして」

男性は興奮した様子でそう云うと、

「実は私、神かくしに遭った人と話したことがあるんです」

平成はじめの出来事だという。

十一月のある日、彼は仕事のために大蔵村《おおくらむら》の肘折《ひじおり》温泉へ足を向けていた。

作業が一段落し、促されるままに茶を一服つけていると、仕事相手が「隣の婆ちゃよ、神隠し遭ったんだっけど」と云うではないか。

なんでもひと月ほど前、隣家の八十八歳になる老女が行方不明になったのだという。

むろん警察も消防も捜索したが、多くの者は半ば諦めていたようだ。

肘折温泉は、周囲を山々に囲まれた秘湯である。積雪量のニュースでもたびたび名前が挙がるように日本有数の豪雪地帯で、秋ともなれば凍えそうなほど気温が下がる。

老人が迷って無事で居られるような処ではないのだ。

ところが三日後――婆ちゃは無傷で戻ってきた。

奇妙なことに、家族が気づいたときには、婆ちゃは家に居たのだという。山狩りをしていた者も、誰ひとり婆ちゃが下山してくる姿を目に留めていなかった。

「いやあ、なんにせよ良がった。よく死なねがったもんだ」

安堵に胸を撫で下ろして家族が云うなり、婆ちゃは「死ぬわげないべ」と憤慨した。

「オレ、見だこどないほど大きな家サ行って、あったかい布団に寝せでもらったんだよ。あんな好い処はない。もっぺん行きたいくらいだ」

婆ちゃはそう繰りかえしたが、肘折でそんな家を知っている者は誰もいなかった。

「自分もじかに話を聞こうと婆ちゃに会いましたが、呆けてる様子はありませんでした。それでも今日、話を聞くまでは〝神かくしだなんて〟と半信半疑だったんですが……昔もそんな出来事があったのだとしたら」

いま起きたとしても、不思議はないですよね。

いたく納得した様子で、男性はロビーを去っていったのであった。

甑山――(真室川町)

新庄のフサヨが連れ去られた甑山《こしきやま》は、男甑山《おごしきやま》と女甑山《めごしきやま》のふたつから成る双耳峰《そうじほう》である。修験の一大霊山であったとの説があり、口伝によれば宿坊が百あまり存在したという。フサヨの住んでいた〈及位〉も修験に由来した名前である。修験者は女甑山の断崖から逆さ吊りにされ、絶壁にある聖域〈赤穴〉を覗きこむ荒行をおこなった。命を落とす者も稀《まれ》ではない〈覗き〉が地名になったのである。

そのような山である所為《せい》か、謂れには事欠かない。

かつて甑山には、及位マタギと呼ばれる猟師の一団が生息していた。及位マタギも修験道の影響が強かったようで、女甑にある大カツラの木に秘伝の巻物を隠し、入山する際は山の神へ許しを乞うため、大樹の前で呪文を唱えたという。興味深いことに大カツラが生えている土地の名は、漢字で母子鬼《めごしき》と書く。

鬼が棲んでいたのだろうか。

また、この山のふもとには〈ガンド窟〉という洞穴があったとも伝わっている。ガンドとは甑山周辺で山賊を意味する語らしい。木を伐る「雁頭《がんど》のこぎり」、あるいは流浪の民をあらわす漢語「雁戸《がんこ》」の転訛かもしれない。

このガンド窟は「山賊の盗品が隠されている」との噂がまことしやかに囁かれており、あるとき若者がその噂を信じてガンド窟へ潜入した。ところが若者は穴のなかを見たとたん、青い顔で一目散に家へ帰ると三日ほどで死んでしまったのである。

以来、ガンド窟のことを口にするのは禁忌になったという。

見ただけで命を落とす、山賊より恐ろしいもの——いったい、なんなのだろうか。

近年でも、甑山は不思議のある山らしい。

平成六年五月、人気情報番組の取材クルーが「中継したい」と甑山を訪ねてきた。

素人の足では厳しい山中、なにより侵すべからざる霊山である。「妙な真似をされても困る」と、地元の甑山探求会が案内役を務めることになった。

人が侵入《はい》るなら聖域に参詣しておかなくては——そう考えた探究会は、取材の数日前に会長ほか数名と神主を引き連れ、赤穴へと向かったのだという。

入り口に掛けられた旧い注連縄《しめなわ》をはずし、新しいものに取り替えて手を合わせる。

その際、ひとりがカメラで赤穴の内部を撮影した。「念のために記録しておこう」との他愛もない理由であったようだ。

ところが——フィルムが現像からあがってくるなり、探究会は大騒ぎになった。

複数の写真に、白い球状の物体が映っていたのである。

球体は赤穴から飛びだしているように見えたが、現場でそのような光を目にした人間は誰ひとりいなかったという。

そして、奇妙な現象はこの一枚に留まらなかった。

赤穴を探索する直前、ふもとの鏡沢集落で撮影した写真にも、山をのんのんと横断する白い物体が写っていたのである。当時の探究会会長は「撮ったときは風もなく、焚き火もしていなかった」と証言している。

対処に悩んだ会長が比叡山《ひえいざん》へ写真を送ったところ、

「これは白龍である」

との返事が返ってきたそうだ。

ふたつの写真は話題となり、同年七月の山形新聞に掲載された。

実際に見ると、なるほど白光がなんとも怪しい。「虫や埃《ほこり》の反射だよ」と云われれば、そのように解釈できなくもないが、先述の母子鬼やガンド窟を知ったあとでは「なにかの間違いでしょう」と一蹴する気にもなれない。これはいったい、なんなのだろう。

ぜひ読者諸賢も、次頁の画像で考察してはもらえないだろうか。

「鬼でも龍でも驚きませんよ。昔から甑山ではこういう出来事が珍しくないんです」

本書への写真掲載を許諾いただくために連絡したおり、甑山探究会会長の庄司一男氏はそのように笑っていた。

甑山——(真室川町)

〈写真提供：山形新聞社／撮影：甑山探求会〉

十五のお参り――（最上町）

明治維新よりすこし前の、こんな譚がある。

上鵜杉村《かみうすぎ》（現在の最上町上鵜杉地区）に、ひとりのホエドカングラがやってきた。

ホエドとは芸を活計《たつき》とする乞食者《ほかいびと》、カングラは太神楽《だいかぐら》の意である。各地を巡遊しては、門前で獅子舞を披露して魔を祓い、曲芸で福を招び、札を納めて祝儀を貰うのである。

ほうぼうに呼ばれ、すべての家で門付《かどづけ》を終えるころには日が暮れかけていた。

これから夜道を歩くのは危なかろう。そう案じたホエドは、村はずれの観音堂に一宿を借り、堂内で横になって朝を待つことにした。

と――夜半過ぎ。

板間に響く震動でホエドは目を覚ました。巨石を引き摺るような、どづん、どづん、と重い足音が聞こえる。誰かが観音堂に近づいていた。

こんな時間に参拝だろうか。まさか物盗りの類ではあるまいな。

ホエドが息を潜めるなか、板戸の向こうで、

「いま、上の嬶《かか》が産気づいだや。道決めに歩《あば》えや」

太い声が響いた。

意味が判らぬまま身を強張《こわば》らせていると、今度は堂の天井から、

「これは山の神。なんぼ道ば授げで来申《きも》した」

細い声が答えた。

ホエドが驚くうちにも会話は進む。

「手達者ださげ大工《だから》に稼業を決めで、十五のアブでお参りする道サした」

「それはそれは」

細い声が得心した様子で答え――それきり、静寂が戻った。

いまのは、なんだ。

訛りが強いため仔細までは判らぬものの、「大工」と「十五」は確《しっか》りと耳に届いた。

なんとも得体の知れぬ遣り取りだが――お参りと云うからにはめでたい噺《はなし》なのだろう。

ならば、案ずることもないか。

ホエドはおのれに云い聞かせると、もうひと眠りしてから観音堂を離れた。

それから、ちょうど十五年後。

ホエドは縁あって、再び上鶉杉を訪ねる機会を得た。

世のなかは御一新でずいぶん様変わりしたが、遠目に見える村は昔と変わらぬ佇まいを守っていた。だからホエドは嬉しくなって、思わず足を速めた——のだが。

辻を越えて村に入ると、なにやら漂う空気が沈んでいた。

薄らと読経が聞こえ、吹く風には線香のにおいが混じっている。

ちょうど葬式の最中だったのである。

喪のさなかに獅子舞も曲芸もあったものではない。これでは門付も見こめないだろう。

肩を落としていると、ちょうど道向こうから村の男がやってきた。

慌てて呼び止め「これはどなたのお弔いかな」と訊ねるホエドに、

「若い大工が死んだのす」

と、村人は答えた。

棟上げのために屋根へのぼっていたところ、まとわりつく虻《あぶ》を払おうとした拍子に転げ落ち、握っていた鑿《のみ》で喉を斬って——血だらけで死んだのだという。

「十五の歳でようやっと大工サなったのに、本当にむどさい《可哀相な》ことだ」

村人の嘆きに、ホエドは息を呑んだ。

大工。十五。アブ。つまり——あの夜の遣りとりは。

「しかし、お参りと云っていたはずだが……」

ホエドが誰にともなく漏らすなり、村人は「へえ」と頷いてから、

「此処らでは、死ぬこどを〝お参りする〟と呼ぶのす」

そう答え、葬式の家へ寂しそうに去っていったという。

おばすちょころ――（高畠町）

高畠町《たかはたまち》と宮城県七ヶ宿町《しちかしゅくまち》をつなぐ二井宿《にいじゅく》は、旧い宿場道である。奥羽山脈を越える峠のなかではもっとも低いため、昔から人の往来が盛んだった。

その二井宿に父の生家があったというS氏から、こんな譚を聞いている。

平成になったばかりのころだというから、それほど昔の出来事ではない。


その夏、彼は父と一緒に二井宿を訪ねていたのだという。

祖父母が暮らす旧家は、さながら昔話に出てくるような趣きを有していた。

無限に思えるほど広く、日中でも屋敷のあちこちに陰がある。放りだされている農具は見たことのないものばかりで、毎年泊まっているにもかかわらず新しい発見があった。

だから、その日も彼は敷地を探検していたのである。

と、屋敷の奥へ向かおうと広間を横切っていたおり、彼は〈それ〉に気がついた。

天井近くにある納戸の上に、長さ三十センチほどの棚が据えられている。

棚には木地がむきだしの椀《わん》がひとつ無造作に置かれていた。インテリアにしてはなんとも中途半端に思える。木椀もうっすら埃をかぶっており、飾っているようには見えなかった。

気になったものの、子供の背丈では椀のなかを覗くことができない。

「ねえ、これなあに」

炊事場で洗い物をしている祖母へ問いかけると、

「おばすちょころ」

返事があった。聞きなれた祖母の声ではない。そもそも方角がおかしい。

声は、たしかに目の前――椀のなかから聞こえた。

喉を絞められたような、童児のようでも、老人のようでもある声だったという。

夕餉《ゆうげ》の席でそのことを話すなり、祖父母が顔を強張らせた。

「オクヨさ呼《よ》ばったが」

祖父が呟く。自分への問いなのか、独りごちたのか判らない。

「Sちゃん、何日ど云ってあった」

祖母が顔を近づけて氏に訊ねる。強い置賜《おきたま》訛りの所為で、すべては聞きとれなかったが
「日付を告げられたか」という意味であるのは理解できた。

日付は、特に云われなかったと思う――そう答える彼に祖父母は何度も「本当だな」と

念押ししてから、ようやく安堵の表情を浮かべた。

「親父、考えすぎだず。いまさら無いべした」

「いまも在るんだ」

父と祖父が短い詞を交わす。祖母はなにも云わず、黙々と箸《はし》を口にはこんでいた。

心なしか、部屋が昏《くら》くなったように思えてならない。太い梁《はり》の交差する天井が、やけに遠く見えた。柱が鳴り、廊下が軋む。玄関の戸が揺れているのは風だろうか。

「ねえ、ちょっと。なんの話……」

堪らず割って入ったS氏に、祖父が低く告げる。

「もし日にちを云わったら、親が死んでも来ねば悪いぞ」

会話はそれで終わった。食事が終わるまで、誰も、なにも喋ることはなかった。

そして——翌年から夏休みの帰省は日帰りになった。祖父母が来ぬよう諭したのか、それとも父が避けたのか。祖父母も父も逝ってしまったいまは、もうなにも判らないそうだ。


今年はじめ、私は「棚に置かれた木椀」の正体らしきものを郷土誌に見つけた。

置賜地方の山間部では〈オタナサマ〉を信仰していたのだという。

オタナサマは屋敷神の一種で、ご神体は椀、篦《へら》、梵天《ぼんてん》、注連縄など家によって異なる。

祀る場所も納戸や天井裏など各戸まちまちであったようだ。

同系の屋敷神を〈オドウカサマ〉と呼ぶ地域も存在する。「十月十日の夜に祀るからお十日様だ」という説もあれば「お稲荷様の音読であろう」との話もある。やはり家のなかに祭場をこしらえ、椀に餅を入れて供える。オドウカサマは束縛の強い神で「ほかの地方へ越しても、オドウカサマに呼ばれた場合はなにがあろうと帰らなくてはならない」「一度呼ばれたら一生その日に来なくてはいけない」との決まりごとがあった。帰らない場合は如何《いか》なる目に遭うのか、厭な想像をしてしまう。

そして、おなじ神を二井宿の一部では〈オクヨノカミ〉と呼びならわした。

オクヨノカミは、間引かれた赤児や高齢で棄てられた老人など〈墓に入れてはいけない者〉を祀ったものとされている。

生まれなかった赤児。生きられなかった老人――つまり、椀から届いた声は。

S氏が聞いたのは、はたしてどちらの訴えだったのだろうか。

最後に、念のため記しておきたい。

過日、高畠町在住の人物にS氏の体験談を語ったところ「たぶん〝おばすちょころ〟は〝姥棄所《うばすてどころ》〟が訛ったものではないか」との返答を得ている。

かみさまざま――(県内全域)

オクヨノカミ以外にも、里山ではさまざまな神が祀られていた。いずれの神も、ときに幸いを授け、ときに災いを齎《もたら》した。崇められ、畏《おそ》れられた。すでに忘れられてしまった神ばかりだが、人の記憶から消えたとて、居なくなったとはかぎらない。いまも、山の何処かでひっそり息を潜めているのかもしれない。

庄内地方では〈オコナイサマ〉という屋敷神を祀っている家があった。オコナイサマは、篠竹《しのだけ》の身体に細長い紙衣《かみこ》を幾重にも着た姿をしている。裂いた紙束で作ったテルテルボウズ――と説明すれば、その形状が伝わるかもしれない。

東北各地に伝わるオクナイサマやオシラサマと類似した属性の神で、集落によってはオクデサマやオグネサマとも呼び、多くは二体一対で男女の神だという。たいてい目立たぬ場所へひっそり祀られており、他所の者には存在を教えない。神棚にちいさな箱型の堂を置いて祀る家もあれば、仏壇の奥にしまっている家もある。

オコナイサマはたいそう気難しく、機嫌を損ねた場合は祟るのだという。

おなじ棟で鶏肉や卵などを食べてはならず、禁を犯した者は不具者になり、粗末にした家は没落すると畏れられた。

鶴岡市田川の旧家に住む男は「数多《あまた》のしきたりが面倒くさい」と、川へオコナイサマを投げ捨ててしまった。すると次の日から男の家は暮らし向きが悪くなり、あっというまに潰れてしまったということである。

また、飯豊町《いいでまち》の小屋《こや》地区では〈ジュウノキサマ〉を信仰する家もあった。

ジュウノキサマの御神体は蛇だという。

ある男が寝ていたところ、屋根の上から「見せでやっがら登ってこ」と声が聞こえた。なにを見せるというのだろう。疑問に思いながら柱をよじ登り梁まであがったところ、天井の暗闇いっぱいに大蛇がのたくっていた。

ジュウノキサマが、気まぐれに姿を見せたのである。

鶴岡市大谷には〈チョンベロサマ〉という大工の神がいた。

家を改築する際、大谷では「手斧立《ちょうなだて》」という儀式をおこない、魔除けの仮柱を立てる。仮柱には木製の祠《ほこら》を作り、そこへ鏡や櫛《くし》、鋏《はさみ》と一緒にチョンベロサマを祀るのである。

チョンベロサマは母子の姿をした人形で、次のような言い伝えがあった。

昔、ひとりの大工が家を建てるとき、間違えて一本の柱を短く切ってしまった。どうしようかと悩む大工に、身重の妻は「柱の下へ石を置いてはどうか」と助言した。言われたとおりに石を置いてみれば、なるほど柱は動かない。こうして家は無事に建ち、喜んだ大工は——妻を殺し、手斧で腹を割いて赤ん坊も殺した。

女から教わったことが、どうにも許せなかったのである。

それでも、しばらく経つと大工は正気を取りもどし、おのれの蛮行をひどく後悔した。そこで妻と子を模した人形をこしらえ、大工の神として崇めるようになったのだという。

やけに生々しく「実際に起きた事件なのではないか」と疑ってしまう謂れである。


鶴岡市朝日地区で炭焼きを営む人々は〈カマヤ〉という神を信仰していた。

カマヤは女性の神である。そのため、炭焼き小屋に女を泊める行為は「カマヤの悋気《りんき》で炭焼き窯《カマ》が割れる」と忌み嫌われていた。特に、産火《さんび》（お産のあった家で焚く火）を厭《いと》い、出産から二十一日間はカマヤの忌み日であったとされている。

カマヤは同村で祀られている〈太子講《デシコ》〉とゆかりが深く、「デシコの日にあたる旧暦十月二十三日は、カマヤを祀る炭焼き小屋に泊まってはならない」と戒められた。

この日にうっかり入山し、カマヤとデシコの怒りにふれた譚は多い。

定右衛門という爺様は、デシコの日に炭を焼こうと黒森沢へ入ったが、何十人も子供が来るような音を聞いて恐ろしくなり逃げ帰った。デシコは子供の多い神だという。

また、井上某の息子はデシコの日に栃の木沢の小屋へ行ったとたん強烈な頭痛に襲われ、平謝りしてどうにか助かったそうだ。

ある者はデシコの日に炭を焼いているさなか、そこらじゅうで大木の倒れる音を聞き、あまりの不気味さに急いで小屋をあとにした。ところがいくら歩いても帰ることができず、朝になるまで下山できなかったという。

デシコの晩に小屋へ泊まったところ、毛だらけの手が侵入してきたとの譚もある。

デシコは一本足だとされている。ひどい火傷《やけど》を負っており、そのため踵《かかと》がないのだという。それを恥ずかしがって足跡を隠そうとするため、デシコが歩いた翌日はかならず雪が降ると信じられていた。

神の足跡は、山に冬が訪れる合図なのである。

ツマジロ――（小国町）

伝統的な狩猟に従事する山の民を、東北ではマタギと呼んだ。漢字では「叉鬼」「又鬼」「萬多義」「万太幾」などと書き、かつては山立とも呼称された。

彼らは山の神を信仰し、入山の際も特殊な山詞《やまことば》を使うなど数多の禁忌を遵守する。死や仏教に関する語句は口にしてはならず、合掌したり指を組むことさえ嫌われた。

青森の目屋《めや》マタギや秋田の阿仁《あに》マタギはとみに有名だが、山形県有数の豪雪地帯である小国町《おぐにまち》にも、小玉川《こたまがわ》・五味沢《ごみざわ》・金目《かなめ》などの集落ごとにマタギが存在した。

マタギは熊とのかかわりが深い。小国町では三百年前から続く「熊まつり」が現在もおこなわれている。収穫を山の神へ感謝する儀式で、熊の毛皮と頭蓋骨が飾られた祭壇を前にオコゼや祝詞《のりと》を奉納するのだ。小国マタギにとって熊は単なる獣ではなく、山の神から授かったものなのである。あだや疎《おろそ》かにできない存在なのである。

それゆえか、熊にまつわる禁忌も多い。

たとえば、狩りには産火（出産にともなう穢《けが》れ）がある家の人間は参加できない。そのような者がいると、撃ち殺した熊でも歩きだすと忌まれた。過去には隣の飯豊町中津川で、皮を剥《は》いだ熊がすっくと立ちあがったことがあるという。

さらに、金目集落では「ツマジロを獲れば七代祟る」とされていた。

ツマジロは漢字で爪白と書き、掌の毛が白いツキノワグマを指す。山の神の使いなので銃を向けてはならぬとの理屈らしい。

では、もし殺せばどうなるか。

金目地区の鉄砲撃《ぶ》ち、斎藤伝蔵氏が民俗誌に語った譚を紹介しよう。


ある年、某家の主が仲間と熊狩《シシヤマ》りへ出かけようと支度をしていた。

すると、長らく寝たきりの祖父が「今日まっさきに出てくる熊はツマジロだ。けっして獲るなよ」と、強い口調で告げるではないか。

「何年も山へ入っていないくせに、何故そのようなことが判る」

主は笑いながら家を出ていったが、しばらく経つころ祖父が突然唸り声をあげて、

「いましがた、鉄砲で撃たれた」

と、いまにも死にそうな様子で苦しみはじめた。

家人が右往左往しているうち、まもなく一行がシシヤマから戻ってきた。もしやと思い

詰問したところ、主は青ざめながら「実は、ツマジロを獲ってしまった」と白状した。熊を撃ったのは、まさに祖父が喘《あえ》ぎだした時刻であったという。

以来、その家では本当に善くないことが起こった——とは、伝蔵氏の談である。

伝蔵氏の家は孫右衛門の屋号を名乗る総本家で、代々〈山先〉と称される金目マタギの頭目でもあった。もとは里山伏の血筋だったらしく、家内には祈祷所があったという。

そのためか奇妙な逸話に事欠かない家で、とりわけ伝蔵の祖父である伝吉については、いろいろと不思議な譚がある。

ある年の正月三日、伝吉は村衆とカモシカ狩り《アオトリ》に荒沢山へ入った。初日はひたすら川に沿って進み、日が暮れたら洞穴《サッカケ》へ泊まる。それがアオトリの流儀であった。

ところが、この年にかぎって伝吉は腹を病み、サッカケから動けなくなってしまった。

気遣う一行に詫びつつ、山先は告げた。

「俺は此処に居るが、明日はツマジロが出る。絶対に撃つなよ」

唐突な忠告に一行は半信半疑だったが——はたして翌日、本当にツマジロと遭遇する。

そして、あれほど制止されていたにもかかわらず、撃ってしまった。

すると——その帰路で雪崩が発生し、分家の斎藤政吉という男が攫《さら》われてしまった。

政吉はとうとう助からなかったが、訃報を聞いても伝吉は驚かなかった。

ツマジロを撃ち殺したことを覚《さと》っていたものの「全員を死なせるわけにはいかない」と身内ひとりだけ犠牲にするよう山の神へ頼んだのだ——伝吉はそのように云った。

その詞を誰も疑わぬほど、伝吉は何処に居ても山のすべてを見顕《みあらわ》す人であったそうだ。

おなじく金目の斎藤喜三郎氏が十二、三歳のころの譚である。

あるとき、三人の猟師が赤芝峡《あかしばきょう》という渓谷でツマジロと遭遇した。

むろん、男たちも禁忌は承知している。けれども目の前に獲物がいるとあっては、邪《よこしま》な気持ちを抑えきれない。胆嚢《たんのう》を手に入れれば大きな稼ぎになる。

手の皮を剥《む》いてしまえば、ツマジロだとは誰も気づくまい。

誰かがそのような甘言を口にして——彼らはツマジロを撃ち殺すとその場で皮を剥ぎ、肉を分けた。

そして、まもなく変事が起きる。

先ず、ひとりが川に流され、みなの前であっというまに姿を消した。

膝が濡れる程度のせせらぎで、子供が容易に渡れるほどの小川であったという。

もうひとりは正月に赤芝の奥へふらふら向かったきり、二度と戻ってこなかった。

結局、男は数ヶ月後に渓谷とはまったく方向違いの場所で発見されている。橅《ぶな》の下にべたんと座り、猟銃で喉を撃ちぬき自殺していたのである。

ゆきをんな――(山形市)

山形と隣接する仙台にも〈青葉流〉と呼ばれるマタギの一派が存在した。

慶安三年、仙台藩が蔵王《ざおう》で大規模な巻狩りをおこなったおり、伊達忠宗《ただむね》が鉄砲の名手へ青葉流を名乗るよう命じたのがはじまりとされている。藩公認のマタギとなった青葉流は、蔵王をはじめ山寺や銀山温泉の周辺も狩場にしていたという。

その青葉流で「疾風《はやて》の多利」と謳われた岩松多利吉《たりきち》なる翁《おきな》が、こんな譚を残している。


十六歳になった年の冬。

若き多利吉は父親に連れられ、山形県境にある二口峠《ふたくちとうげ》の面白山《おもしろやま》へ狩りに赴いていた。

けれどもその日はなぜか獲物に恵まれず、おまけに夕刻から粉雪が降りはじめる始末。日が暮れる時分には、すっかり空が荒れていたのだという。

雪灯りだけをたよりに、吹雪の夜道を黙々と進む――と、

「おい」

前を歩いている父が低い声で告げた。

おもてをあげて見遣れば、父のまなざしは二十メートルほど先に注がれている。

「まもなく向こうから人が来る。だが、絶対に話をしてはならんぞ。顔も見るなよ」

うん――とは云えなかった。俄《にわ》かには信じがたい科白《せりふ》だった。なにせ、雪が吹きすさぶ夜の冬山なのである。自分たち以外に誰か居るなどとは思えない。しかし――。

まもなく父の言葉どおり、嵐を割くようにして人影があらわれた。

女だった。

闇のなかに、赤い縞《しま》模様の着物が見えた。どう考えても冬山を歩くような装いではない。普通の人間であれば凍え死んでしまう。

普通の人間であれば――つまり、人ではないのか。

むろん恐ろしくはあったけれども、まだ少年である。見るなと云われれば見たくなる。多利吉はおそるおそる父の背に隠れ、暖簾《のれん》をめくるように袖の下から覗いた。

「あ」

女も此方《こちら》をじっと見ていた。

細《ほっそ》りした躰《からだ》の、雪より白い貌《かお》の女だった。

震える多利吉をよそに、女は吹雪の奥へ消えていったという。

「あれは雪女というものだ」

帰宅後、炉端で遅い夕飯を食べながら父が教えてくれた。

「遭ったが最期、目をつぶって走るしかない。道を譲ったり、後ろに退《さ》がったり、言葉を交わしたりすれば」

がりがりと喰い殺されるのだ。

父は、真面目な顔でそのように云った。

成人したのちも多利吉翁は幾度となく面白山へ狩りに出かけている。しかし、雪女と出遭ったのは、あとにもさきにもその一度きりであったという。

面白山――（山形市）

青葉流マタギの多利吉翁が雪女と遭った面白山では、昭和五十七年九月に大学生が変死している。個人情報など伏せる形で、記事を以下に紹介しよう。

【山形市[redacted]町の大学四年生、[redacted]田[redacted]さん（二二）が、七日朝から宮城県の面白山へ写真撮影に出かけたまま帰宅しないと、八日午前三時半ごろ、家族から山形署に捜索願が出た。（中略）捜索隊二十五人で捜した結果、同県の奥新川《おくにっかわ》を流れる沢の中で死亡している[redacted]田さんを発見した。（中略）遺体が発見された沢は奥[redacted]駅から[redacted]方面に二キロ入った山中で、[redacted]田さんはカメラを三脚にセットしたまま、沢の中でパンツ一枚になって死んでいた。仙台北署で遺体を収容し、死因を調べている】

なんとも奇妙な事件である。

なぜ大学生は衣服を脱いでいたのか。水浴びをするような季節でもないのに、どうして沢のなかへ入ったのか。続報を探したものの、それらしい記事は発見できなかった。

　パンツ一枚になっていた理由として思い浮かぶのは〈矛盾《むじゅん》脱衣〉だろうか。雪山で遭難した際などに衣服を脱ぎ捨ててしまう現象を、そのように呼ぶ。

　人間は極寒の環境に置かれると生命維持のため体温を上げる。しかし、あまりに低温が長時間におよんだ場合、体内の熱と体感温度との落差で「暑い」と錯覚し、衣類を脱いでしまうのだという。アドレナリン酸化物による幻覚が原因だとの説や、中枢神経の麻痺による異常代謝だという説もあるが、いずれにせよ矛盾脱衣に襲われた者は、全裸あるいは半裸で凍死してしまう。国内の事例は三十七件におよび、なかでも明治三十二年に八甲田山で起こった「雪中行軍遭難事件」では、防寒着を脱ぎ捨てた死体が複数発見されている。

　しかし――今回の事件が矛盾脱衣によるものとは考えにくい。

　大学生が亡くなったのは九月初旬である。いかに低地より気温が低いとはいえ、衣服を剥ぐほど寒い季節ではないのだ。私自身、映像制作会社に勤務していたころ、コスモスの撮影で面白山へ赴いている。時期は十月半ばだったはずだが、いつもより上着を一枚多く羽織っただけで、苦もなく過ごせた憶えがある。

　では、なにが彼の身に起こったのだろう。

　つれづれに考えるうち、私は多利吉翁の父の科白を思いだした。

「雪女に遭っても見てはいけない。がりがりと喰い殺される」

もしや——くだんの大学生は雪女を見てしまったのではないか。

まさしく身も凍るような目に遭ったすえ、矛盾脱衣に見舞われたのではないか。


ちなみに面白山は、もともと「面白山《つらしろやま》」であったらしい。

斜面が雪で真っ白く見えるため〈つらしろ〉と呼ばれていたものが、時代を経るなかで〈おもしろ〉に換わったのだという。名前からして雪を意味する山なのだ。

だとすれば——雪の怪がいまなお跋扈《ばっこ》していても、不思議はないように思うのだが。

2 神とホトケ

大将軍と三隣亡――（山形市）

【山形市民は信心深い？　下水道工事に〝大将軍《たいしょうぐん》〟待った】

右記は、平成九年六月九日付の地元紙へ掲載された記事の見出しである。

山形市で公共下水道が未接続になっている区域のうち、実に六百七世帯が「今年は大将軍の方角が悪いこと」を理由に配管工事を拒んでいるのだという。

山形県民以外は〈大将軍〉と聞いても、あまりピンと来ないかもしれない。

大将軍は方角の吉兆を決める八将神のひとりで、万物を殺伐する大凶神とされている。東西南北おなじ方角に三年留《とど》まるため、「大将軍が居る方角は結婚・旅行・移築など万事において凶」といわれ、とりわけ土を動かす行為、すなわち建築が忌み嫌われた。

つまりは俗にいう方忌《かたいみ》の一種で、もちろん不幸になる云々は迷信にすぎない。かの妖怪博士・井上円了も『迷信解』において大将軍を取りあげ、「昔はとにかく、今日なおかかる迷信を信ずるものあるは、実に文明国の名に対して恥ずべきことである」と喝破《かっぱ》している。すでに明治の時点で「取るに足らぬ妄談」とされていたのだ。

にもかかわらず、山形では現在も大将軍が頑《かたく》なに信じられている。

県内の神社では「今年の大将軍」をホームページに載せ、工務店はサイトで「大将軍が留守になる遊行日《ゆぎょうび》」を掲載し、その日にリフォームするよう促している。

私の職業を聞いて鼻白む人ですら、大将軍の話題になるなり「いや、あれはお化けとは違うから」と嘲笑を許さない。「禁を破った家で立て続けに家族が亡くなった」「その年に花壇を作って大怪我をした」など、大将軍がらみの体験を真顔で語る人物も多い。

山形では大将軍のみならず〈三隣亡《さんりんぼう》〉も厄介な存在である。

三隣亡とは「近隣三軒が亡ぶ」という意味を持つ暦上の凶日で、この日に棟上げや柱立てなどをおこなうのは禁忌とされた。それでも一日だけなら対処のしようもあるのだが、山形には〈年間三隣亡〉という独自の習慣が根付いている。一年まるごと三隣亡なのだ。その年に家を建てるのは絶対厳禁、やむなく三隣亡の年に家を建てる際は、旧正月までに仮柱を設置すれば災いを免れる──という謎の回避方法まで存在する。

この三隣亡、江戸時代には〈三輪宝〉と書かれ「屋立てよし蔵立てよし」と注記される吉日であったのだという。ところがあるとき「よし」を「あし」と書き間違えたことから〈悪し〉で不吉な日になってしまったとの説がある。要は、単なる誤字の産物なのだ。なんとも笑ってしまう真相だが、山形でその理屈は通用しない。

たとえば昭和五十年には、山形市に暮らす男性が家を新築しようとしたところ、近所の県幹部職員と中学校教諭が「なんで三隣亡なのに柱を立てたんだ」と男性を脅迫、家から無理やり柱を抜きとり、屋根を剥がす騒動が起こっている。この一件は山形地方法務局が人権侵害として捜査するほどの事態に発展した。

ここまでくると「山形の人は信心深いから」では説明がつかない。なにやら狂信めいた不気味さすらおぼえてしまう。

そのような迷信がいまなお蔓延《はびこ》っている——その事実が、いちばん恐ろしい。

＊＊＊

「いや、そりゃ関係ない人は簡単に〝迷信だ〟とか云えるけどさ、ウチにとって大将軍と三隣亡は深刻なんだよ。その時期は、目に見えて住宅の注文が減っちゃうんだもの」

そんな愚痴をこぼすのは、県内の宅建メーカーで部長職に就くB氏である。

彼の勤め先はテレビコマーシャルを流すほどの最大手企業なのだが、それでも大将軍と三隣亡は無視できないらしい。

「県外移住者に大将軍を教えないまま契約したら、ご近所と揉めて訴えられかけた同業もいるよ。どうしても仮柱が立てられない場合は、前の年に鍬《くわ》だけ入れておくこともある。大将軍に〝今年建てたわけではありませんよ〟と弁解するんだな」

そんな適当で良いのか――思わず笑ってしまった私につられて、B氏も「まあ、最近は気にしない施主のほうが多いけど」と苦笑いしてから――真顔で「ただね」と云った。

「なかには、判ったうえで〝三隣亡の年に柱を立てたい〟って人もいるんだよ」

彼が担当したなかに「わざと三隣亡を選んだ家」が二軒あったのだという。

当然理由は訊けなかったようだが、「態度から察するに、ご近所との確執が原因なのは確実だ」と、B氏は胸を張る。

「それで……悪いことは起こったんですか。どうなんですか」

期待のあまり声を弾ませる私を一瞥し、氏は首を横に振った。

「一軒は隣家も向かいも変化なし。それどころか隣の家はご主人が大出世しちゃったし、お向かいさんは新築した。却って運気が上向いたんじゃないかな。いわば本来の三輪宝が効いたわけだね」

なるほど――と納得してから、ふいに気づく。

あえて三隣亡を選んだ家はふたつ。そのうち一軒は逆に運気が好転している。

では、残るもうひとつは。

無言で答えをじっと待つ。やがて、根負けしたB氏が「もう一軒は」と口を開いた。

「棟上げ式の翌日に、施主の愛犬が死んだ。散歩中に突然リードを振りほどいて歩道橋を駆けあがり、真下の国道へダイブしたんだとさ。何十台もの車に擦り潰されて、おかげで道路に張りついた毛や肉や臓物を引き剥がすのが大変だったらしい」

死骸の詳細な描写に仰け反りつつも、私はすこし戸惑っていた。

たしかに痛ましい出来事で、気の毒だとは思う。だが、犬の死と三隣亡は無関係としか思えない。現に、隣家は災禍に見舞われていないではないか。

そう訊ねるなり、彼はすこしだけ言い淀んでから「関係あるんだ」と息を吐いた。

「ワンちゃん、犬小屋の外飼いでね。つまり、ちゃんと隣の家が不幸に遭ったんだよ」

湯気のかなたに――(真室川町)

真室川町《まむろがわまち》の小国地区では、旧暦十月十五日に〈お大日様〉の縁日がおこなわれる。

お大日様と云っても仏像を拝するわけではない。一幅の巻物を、沸きたった湯気ごしに拝むのである。しかも開帳されるのは、わずか十数秒という奇習なのだ。

この巻物は源義経《みなもとのよしつね》が奥州へ逃げる際、同町の佐藤家へ一宿の礼に残していったものだとされている。内神として長らく封印していたものの、新庄藩主の拝覧を機に、一年に一度開帳するようになったのだという。

当日は佐藤家当主が煮立った鍋の蓋を開け、立ちのぼる湯気の前で巻物を一瞬だけ開く。描かれているのは大日如来だと聞くが定かではない。なにせこの巻物、「見る者によって絵が違う」との謂れがあるのだ。別な絵を目にした者には凶事が起こるというのだ。

ゆえに、不思議な譚も多い。

たとえば嘉兵衛という男は、どれだけ目を凝らしても大日如来が〈一基の棺桶〉にしか見えなかった。首を傾げつつ帰宅すると、まもなく女房が急死したという。

また、二戸某《なにがし》なる男は掛け軸の如来が〈若者が兵隊検査を受けている姿〉に見えたため、胸騒ぎに急いで帰ったところ、自分宛ての召集令状が届いていたそうである。

ほかにも〈軒下から黒煙が出ている光景〉を湯気の向こうにみとめ、家に戻ると小火《ぼや》が起きていたという者や、〈子供が水遊びをしている姿〉を目にした数日後に、我が子を川で亡くした者もいるという。

私は六年ほど前、「お大日様を参詣した」という人物と同席する機会に恵まれた。以下は、その男性の証言である。

「俺が見だのァ四十年近くも前だな。近所の野郎コさ〝あべ《行こう》〟ど誘わって出かけだのよ。あのころァ座敷に入りきらねェほど人が来ておって、まンず賑やかであった。ンで、俺ァ〈お観音サマ〉みでぇなモンが見えで〝ありがてエごんた〟ど手ェ合わせでおったらヨ、一緒に行った野郎コは〝なして、あの仏サマ片足無がったのや〟と首を傾げでおっての。俺ァいろいろ聞いであったさげ〝ああ、こいづァ不味いな〟ど思ったけどヨ、見だあとでそだなこど云わんねがら、黙っておったよ。ん、そいづが。次の年に春山で木ィ伐ってる最中にチェーンソーが暴れでの。太腿ァ半分引きちぎれで、結局右足もいでしまったわ。ンだ、巻物ど一緒の姿サなったのよ。その野郎コもとっくに死んでしまった。昔話だ」

ちなみにこの巻物、何者かに盗まれて開帳できなかった時期がある。しかし、盗難から七年後に巻物は無記名の郵便で返却されたという。

なぜ盗人は返す気になったのだろう。なにがあったのだろう。

やまいだの塔――（山形市）

山形市飯塚周辺には、かつて〈病田《やまいだ》〉と呼ばれる田圃《たんぼ》があった。持ち主の家に病人が絶えぬため、そう呼ばれるようになったのだという。

その病田から市内へと通じる細道の一角に、〈薬師如来　昭和六年四月建立〉と刻まれた石碑が立っている。由来や縁起は明瞭りしない。「此処は昔、最上城の刑場であった」との口伝が残っており、「それゆえ田圃が病田になってしまうのだ」と宣《のたま》う者もいる。真偽のほどは不明だが、「単なる言い伝えだよ」と笑えぬ記録が残っている。

昭和四十三年ころ、区画整理にともなう石塔撤去の計画が持ちあがった。おりしも高度経済成長期のただなか、飯塚周辺の農地も次々と新興住宅街になっていた。「石塔を後生大事に守るより、家を建てるほうが最善」との風潮があったのかもしれない。ともあれ話はとんとん拍子に進み、石塔を撤去する運びとなった。

ところが――いざブルドーザーで掘りかえそうとした直後、運転手が目眩《めまい》を訴え、その場に倒れてしまったのである。

理由はまるで判らなかったものの、病田の跡とあって楽観する気になれない。誰云うとなく「今日は作業を中止しよう」との結論にいたり、運転手は休みをもらって――。数日後に死んでしまった。

石塔は移転されないまま、いまもおなじ場所に残っている。

もんどのくび――（山形市）

〈やまいだの塔〉からほど近い山形市柏倉《かしわぐら》の野辺に、石祠《せきし》が一宇ぽつんと置かれている。一説によれば、此処には米沢武将・上泉主水《かみいずみもんど》の首が葬られているのだという。

つまり、首塚なのである。

上泉主水は直江兼続《なおえかねつぐ》の家臣であったが、関ヶ原の戦いにともなう慶長出羽合戦において最上氏より討ち取られ、斬り落とされた首が此処に埋められたと伝わっている。

もっとも、主水の首が眠るとの謂れが残っている場所は柏倉のほかにも複数存在する。そんな真偽の不確かさゆえか、この塚も文化財などには指定されていない。

それでも柏倉では、主水塚をいまも大切に祀っている。祀るだけの理由がある。

昭和四十年代、柏倉地区では大型道路の敷設計画が持ちあがっている。

同時期に山形自動車道の建設が決定したので、交通量増加を見越しての計画だった。「文化財でもないのだし、主水塚を潰しても構わないだろう」との意見もあったようだ。

しかし、大型道路はいまだに敷かれていない。実はこの主水塚、何度となく撤去の話が湧いては立ち消えになっているのだという。

死ぬからだ。

明治の末、養蚕家の男が主水塚の周辺に桑を植えようとした。

豪胆であったのか、それとも首があるとは信じていなかったのか、男は躊躇《ためら》うことなく首塚に鍬を入れ、ざくざくと土を掘りおこした。骨の類は見つからなかったが、代わりに土の底からは、〈成田不動尊〉と彫られている錆び刀がひとふり出てきたという。

そして。

男はその晩に昏倒し、夜明け前に死んでしまったのである。

祟りを畏れた遺族は刀剣を成田山に納め、塚の傍らに石祠を建てて祀るようになった。

それが、いまの祠であるという。

時は過ぎて、昭和二十九年。

地元の郷土研究会が史跡調査をしたおり、「本当に主水の首が埋まっているか、またとない機会だから確かめてみてはどうか」と議論になった。

先述の出来事を知る者たちは尻ごみしたが、当時、地区の小学校でPTA会長を務めている男性だけは「祟りなんか俺が引き受けてやる」と笑って掘りかえした。

祠の下からはなにも出てこなかったが、数日後に会長は急死した。
だから、首塚は現在も残っている。

もんどのてら――（山形市）

上泉主水の首は、山形市六日町の真言宗行蔵院に埋められた――との説もある。

いわく、斬り落とされた首は首実検のために山形城へ運ばれ、最上義光に差しだされたのだという。だが義光が検視しようとするなり、主水の首は両目をかっと見開き、藩主を睨みつけたというのである。強烈な怨念に慄《おのの》いた義光は行蔵院で祈祷をおこない、境内に首を埋めて手厚く葬ったとされている。

もっとも、残念ながら真言宗行蔵院はすでにない。

明治の神仏分離によって廃寺の憂き目にあい、別当を務めていた熊野権現は熊野神社に改宗されている。首が埋められた一角も切り売りされ、跡地には住宅が建ったという。

しかし〈生首の家〉には、なかなか人が居つかなかったようだ。

郷土史家・後藤嘉一氏は「ここに住んだ人々は、どうも終わりが宜《よろ》しくなく、空き家になりがちで何度も転売され、戦後は住む者もなかった」と自著に記している。

終わりが宜しくない――つまり、良い死に方ではなかったということだろうか。

六日町は山形市中心部、いわば一等地である。そのような処に〈忌み地〉があったとは俄《にわ》かに信じがたい。

続けて後藤氏は「戦後は山形市が買い上げ、職員組合の寮にしたり助役公舎にしたが、ここに住んだ助役はふたりとも終わりを完《まっと》うしなかった。今では市長公舎としているが、[redacted]市長もここには住んでいない」と、当時の市長を実名で挙げている。

助役が職を追われた原因は、主水の首にある——いくらなんでも荒唐無稽な理屈だが、「近隣に住むだけで禍《わざわい》を為す」との憶測を生んでいたのは事実のようだ。だとすれば柏倉の首塚どころの騒ぎではない。そこまで強烈に祟るとはなんと恐ろしい存在であろうか——などと震えるうち、私は思いだした。

行蔵院跡のすぐ近くに、もうひとつ〈祟るモノ〉があるではないか。

先述のとおり、行蔵院にあった熊野権現は熊野神社へと改められている。拝殿は現在、里《さと》之《の》宮《みや》湯《ゆ》殿山《どのさん》神社が兼務する形で同神社の境内に置かれている。

そして、おなじ境内には〈市神《いちがみ》様〉が祀られている。

市神様は、一月十日に山形市でおこなわれる正月の風物詩、「初市」の守護神である。御神体は安山岩の自然石だが、もとより此処《ここ》にあったわけではない。

祟りのために移設されたのである。

この石はかつて、六日町から二キロほど離れた十日町の四辻に置かれていた。町割に使う要石《かなめいし》が神聖視されるうち、市神として注連縄を張って崇められるようになったらしい。

ところが明治六年、山形県庁は「通行人の妨げになる」との理由で、市神撤去の布令を出した。「民間の信仰を徹底的に排除すべし」との思惑があったことは想像に難くない。

かくして石は掘りだされ、当時の県庁へ運ばれた。そして、撤去を指揮した役人は――。

即日事故死した。

石を掘りだした日に、死んだのである。

以来、人々は祟りを畏れ市神に触れようとしなかった。その後、県庁舎が移転する際に「市神様を残していかないでくれ」と住民が嘆願、里之宮湯殿山神社へ移されている。

祟る首、祟る石。

県庁所在地のまんなかに怪しいモノがふたつも存在するとは、さても山形は恐ろしい。

以下は、余談になる。

二〇一〇年、私はデビュー作の怪談実話本に「とある建物の地下に出没する、首のない女の子」の譚を書いている。当時は名前を伏せて記したのだが、実はこの施設こそ里之宮湯殿山神社と隣接する旧県庁・文翔館なのである。そのころは主水の首も市神様の謂れも不勉強で知らなかった。にもかかわらず、首にまつわる怪談に出逢っていたのである。

なんだか偶然とは思えないのだが、なにか繋がりがあるのだろうか。

調べてみたいのだが――大丈夫だろうか。

銃創――（鶴岡市）

鶴岡市の海岸沿いに、三瀬氣比《さんぜきひ》神社という古社がある。

創建は霊亀二（七一六）年、敦賀国氣比神宮の分霊を祀ったと伝わるが「古代から自然崇拝が存在していた」との説もあり、それを裏付ける名残りも多い。

境内を囲むおよそ九ヘクタールの社叢《しゃそう》は〈神域〉として崇められ、多様な植生や古木が残る稀少な原生林が国の天然記念物に指定されている。

また、境内東の〈御池様《おいけさま》〉には氣比神社主神である「保食大神《うけもちのおおかみ》」が祀られており、池の水が泥色に濁ると水難、赤く染まれば火難、白くなったときは疫病の前兆とされた。

本殿ではなく森と池に神が宿る、なんとも珍しい神社なのだ。


昭和十六年、初夏の出来事だという。

御池様へ続く野道の両端、鬱蒼と茂っている笹藪に異変が起きた。

穴空きの笹葉が、わずか数日でどっと増えたのである。

丸く穿《うが》たれている痕は、さながら鉄砲が撃ち抜いた痕のようであったという。

「凶兆に違いない。近いうち大戦でも起こるのではないか」

一部の者が口にした不安を、多くの者は否定する。

「笹に穴が空いた程度で騒ぐとは馬鹿馬鹿しい。政府は順調に日米交渉を進めているし、〝秋までに日中戦争を解決する〟と宣言したではないか」

そのように吐き捨て、一笑に伏したのである。


半年後の十二月八日、真珠湾攻撃で太平洋戦争がはじまることを、まだ誰も知らない。

八幡提灯――(米沢市)

米沢市の西北、鬼面川《おものがわ》からほど近い丘陵に建つのが成島八幡《なるしまはちまん》である。

こちらも創建は古く、宝亀八(七七七)年と伝わっている。伊達・上杉など歴代領主の崇敬を集め、伊達政宗《まさむね》にいたっては岩出山城《いわでやまじょう》に分霊を奉じるほどであったという。

大きな石鳥居の先には苔むした参道が延び、その両端には杉木立が鬱蒼と茂っている。

太平洋戦争末期のころ、この八幡様を毎夜訪れる男の姿があった。

彼の息子は前年より出征していた。つまり男は我が子のため、家紋入りの弓張り提灯を手に、成島八幡をこっそり参詣していたのである。

わざわざ夜半に詣《もう》でていた理由は想像するまでもない。戦勝を祈願せずに身内の無事を念ずるなど、とうてい許される時代ではなかったのだろう。

そんな、ある夜のこと。

男がいつもどおり参詣しようと石鳥居をくぐった矢先――。

火が消えた。

風などそよとも吹いておらず、提灯に破れた様子はない。蝋燭《ろうそく》の芯も太く残っている。これは悪いしるしではないのか。息子になにかあったのではないか。

戦地での「なにか」とは、つまり。

男は青い顔で家に戻り、何日も「なにか」を待った。早く報せが届くよう願いながら、どうか届かぬようにと祈りながら、日々を過ごした。

はたして翌週、一通の手紙が到着する。

とうとう来てしまったか。戦死の報せか。彼は覚悟を決め、おそるおそる封を開けた。

しかし、手紙は戦死公報ではなく戦地からの便りであった。

便箋に綴られているのは、紛れもなく息子の文字である。ひとまずの無事に安堵しつつ手紙を読むなり、男はその内容に目を丸くした。

この文《ふみ》を記す数日前の深夜、息子は野営中に本隊とはぐれてしまったのだという。

闇夜の戦地である。心細いどころの話ではない。

まとわりつく暑気のなかを無我夢中で駆けていると、いきなり——。

火が点いた。

数メートル先の闇に、ぽう、と鈍い灯りが浮かんだのである。

けれども息子は喜ばなかった。本隊はすでに遠くなって久しい。これほど近距離に居るはずがない。だとすれば、あの炎は敵に違いない。
捕まるくらいなら自害しよう。いさぎよく此処で死を選ぼう。
腰の銃剣に手を伸ばし、震える指が鞘に触れた直後――息子は〈それ〉に気づいた。
灯りのまんなかに、家紋が見える。
見慣れた弓張り提灯に墨染めされている、紛うことなき我が家の定紋だった。
とたん、死ぬ気が失せた。家に帰りたくなった。
ゆるゆる遠ざかっていく灯りを追いかけ、懸命に走る。
藪を漕いで、草を掻きわけ――まもなく彼は、奇跡的に本隊との合流をはたした。
提灯の火は、いつのまにか見えなくなっていたという。
「だから父さん、私は生きて戻ります」
手紙は、そのひとことで終わっていた。

息子が帰国する日まで、父の八幡参りは続いたそうである。

滝不動考──（上山市）

山形に縁がなくとも〈滝不動〉の名前に反応する怪談好きは多い。

温泉で有名な上山《かみのやま》市の鶴脛《つるはぎ》から同市狸森《むじなもり》へ続く山道、その傍らに滝不動はある。石鳥居を潜って斜面に据えられた階段をおりていくと、まもなく滝壺のなかに屹立する不動明王と錆びた剣が見えてくる。正式名称は末広《すえひろ》滝。かつては修験者が身を清める地であったとされている。しかし、現在の評判は清浄と大きく異なるようだ。

この滝不動は〈山形最恐の心霊スポット〉なのだという。

「かつては上山藩の刑場で、斬り落とした首を滝壺で洗っていた」

「遊び半分で赴いた者は、一生ぶんの不幸をいっぺんに背負わされる」

「さる高名な女性霊能者が〝私の手には負えない〟とロケを放棄して逃げだした」

「滝壺の剣を盗んだ暴走族のバイクが帰り道で転倒、ライダーはガードレールで首を切断して亡くなった。死体は、さながら斬首されたような状態だった」

インターネット上には、なんともバラエティーに富んだ因縁の数々が列記されている。もっとも、私はこれらの噂に対していささか懐疑的である。まるで根拠がないからだ。

滝不動にまつわる因縁のなかでも、とりわけ有名なのは以下の譚だろうか。

〈その昔、若い母親が赤児をおぶりながら、滝不動で屋根に葺くための茅を刈っていた。ところがそのさなか、母は誤って草刈り鎌で子供の首を切り落としてしまったのである。正気を失った母親は首のない我が子を抱えたまま、滝不動の鳥居で首を吊る。それ以来、赤児を抱いた母親の幽霊が目撃されるようになったのである……〉

なんとも陰惨な物語だが「何処かで読んだな」と既視感をおぼえた読者も居るはずだ。

実はこの怪談、小泉《こいずみ》八雲《やくも》が鳥取県の伝承をもとに書いた『幽霊滝の伝説』とほぼおなじ展開なのである。もちろん、類似の説話が山形に存在した可能性もゼロではないものの、八雲の本を読んだ何者かが広めた――と考えるのが合理的であるように思う。

「昔は刑場だった」との記述もウェブ上に目立つが、こちらも眉唾《まゆつば》である。市が編纂《へんさん》した上山藩の文書を確認してみたものの、滝不動が刑場であるとの記述は見あたらなかった。滝壺に刺さった刀剣からの連想なのだろうが、剣は不動明王のシンボルであり、おなじく不動明王の象徴である滝に刺さっていても不思議はない。

「有名な霊能者がロケを放棄して逃げだした」との説にいたっては笑うよりほかない。

なにせ彼女が敵前逃亡したとされる場所は、富山県の鉱泉、岩手県遠野市の山伏屋敷、福島県の廃ペンションなど、ざっと検索しただけでも二十件はくだらない。きもだめしを盛りあげるための〈前口上〉ではないのだろうか。

そもそも地元の上山市には、滝不動に関して書かれた文献がほとんど存在しない。

これほど有名ならば史料のひとつやふたつ残っていても良さそうなものだが、まったく無いのである。上山市立図書館にもレファレンスサービスを利用して調査を依頼した結果「当館で所蔵するなかに〝滝不動は怪処である〟と記した文献はないようだ」との返事をもらっている。かろうじて見つかったのは、昭和三十三年刊『上山郷土史物語』に載る、最上武将・延沢満延《のべさわみつのぶ》の出生譚〈滝不動の天女伝説〉と、上山市出身の歌人・斎藤茂吉《さいとうもきち》が滝不動で目を洗った際に詠んだとされる歌「みづくさの青青《あをあを》とせし巌《いはほ》より　おちたぎつ水にまなこをそあらふ」のみで、どちらもネガティブな印象はない。

これらを鑑みれば、滝不動の謂れは昭和終わりから平成にかけて創られたと考えるのが妥当なように思うのだが。

＊＊＊

さて、此処まで読んだ読者諸賢は疑問に思うかもしれない。

「虚実の不確かな噂ばかりなら、どうして長々と滝不動について書き連ねているのだ」

それが、困ったことに噂ばかりではないのである。
私は「滝不動で奇妙な目に遭った」という人々を、十数名ばかり取材しているのだ。
「車で滝不動へきもだめしに行った帰り、一本道のはずが知らない集落へ迷いこみ、蔵の壁いっぱいに浮かぶ女の首を見て逃げだした」（山形市在住・元カレー屋店員）
「情報番組の納涼企画で滝不動を撮影に行ったところ、保管庫に収納したビデオテープが消失。その企画はお蔵入りになった」（山形市在住・元地元局ディレクター）
「滝不動で写真を撮ったところ、被写体全員の首すじに赤色の光が写っていた。偶然かと思い再度撮ってみたら、今度は数名の首から上がなかった」（上山市在住・自治体職員）
「職場の先輩が〝滝不動へきもだめしに行ったら、見えない手に首すじを叩かれてさ〟と言っていた。翌週、先輩は古民家を解体中に飛んできたトタンの破片で首を裂かれ、その怪我がもとで辞めてしまった」（県内某所在住・工務店勤務）

実は私も映像制作会社に勤務していたおり、滝不動を撮影している。

もちろん禍々《まがまが》しい評判は知っていた。しかし納期の都合上、一刻も早く滝の映像を撮る必要に駆られていたため、山形市からもっとも近いこの滝に足を向けたのである。

撮影自体は、なにごともなく一時間ほどで終わった。ところが、いざ山形まで戻ろうと車に乗りこんだ矢先――同乗している後輩カメラマンの携帯電話が鳴ったのだ。

連絡をよこしたのは、彼の高校の同級生だった。

「もしもし、久しぶり。あの……いま、自宅で仕事してたんだけどさ、本棚に押しこめていた卒業アルバムが、いきなり落ちてきたんだよ。で、なにげなくページを開いてみたらクラスの集合写真……お前の顔だけ真っ黒なんだけど。なあ、いま何処にいるんだ。変な場所に行ったりとか、してないよな」

まさしく〈怪異の現場〉を間近で見る僥倖《ぎょうこう》に恵まれ、私自身は大喜びしていたのだが、当の後輩は「幸せなものが撮影したい」と、結婚式場のカメラマンに転職してしまった。

そんなわけで、滝不動は体験談が尽きない場所なのだ。

ゆえに「単なる噂だよ」と笑って済ませることができないのだ。


滝不動の噂には〈首〉が少なからず関係している。

つまり、あの近隣には過去「首がらみの怪談」が存在したのではないか。それが年月を経て滝不動と紐づけされ、次第に尾鰭《おひれ》が大きくなっていったのではないか。

だとすれば、すべてのルーツである「首の怪談」を見つけなくては。

不穏な滝壺の源泉を探しあてなくては。

＊＊＊

諸々の資料を調べるうち、昭和二年刊行『上山郷土史』に興味深い文章を見つけた。
上山藩初代藩主・松平信通《のぶみち》にまつわる、以下のような譚だ。

あるとき、信通は家臣の石田丈右衛門《じょうえもん》に「京都より侍女を召し抱えよ」と命じた。暗に「側女《そばめ》がほしい」と所望したのである。信通は、備中庭瀬《にわせ》(現在の岡山県)を治めていたおり「立派な城のある領地がほしい」と幕府に訴え、無理やり上山に国替えしたとの説が伝わっている。周囲には、自身の欲望に正直な人物と目されていたらしい。

家臣の丈右衛門はすこぶる律儀な性格であったため、命ぜられるまま才色兼備の京女を御殿へと差しあげた。しかし、これを快く思わなかったのが信通の正室・久だった。久は嫉妬に駆られたすえ、丈右衛門と侍女はただならぬ関係だと吹聴してまわったのである。

噂はまもなく信通の耳にも届き、侍女は暇を出されてしまう。

頼る者のない侍女は丈右衛門を訪ね「京へ帰るまで屋敷で匿《かくま》ってほしい」と懇願する。丈右衛門はやむなく彼女を居候させ――まもなく、信通の知るところとなってしまった。

享保三年一月十五日、信通は丈右衛門を呼びだすと、その場で切腹を命じる。

丈右衛門は必死で弁明したものの、悋気に燃える藩主が聞く耳など持とうはずもない。かくして忠臣は首を刎《は》ねられ、無惨な亡骸は外原《そとはら》という荒れ野に放置。鳥獣の餌となって骨になるまで野ざらしにされた。

さらに翌月、丈右衛門の十一歳になる息子・小三郎が城に呼びだされ、その道すがら、信通の手の者に槍で突き殺されてしまった。遺骸は父と同様、外原に放置されている。

物語は、藩主に虐げられた不遇な家臣の悲劇で幕を下ろすはずだった。

しかし、まもなく城内で変事が起きる。

死んだはずの丈右衛門が――出たのである。

ある夜、信通が気配で目を覚ますと、枕元に裃《かみしも》を着た男が座っているではないか。

男には首がなかった。

赤い断面がありありと見えていた。

信通はとっさに枕刀を取り、首なし男めがけて斬りつけた。けれども刃先には手応えのひとつもない。驚くうちに丈右衛門は消え――翌日の晩も、翌々日の晩も姿を見せた。

こうなっては、殿中でも捨て置くわけにいかない。

信通は僧侶を城に喚《よ》んで経をあげ、丈右衛門親子をねんごろに弔ったそうである――。

右の譚が史実か否かは判然としない。

しかし、丈右衛門親子の首なし死体が捨てられたとされる外原は、滝不動から遠くない場所なのである。加えて小三郎が刺殺された場所は、上山の湯町から四ツ谷地区へと続く坂道——こちらも滝不動から近い——なのだ。この坂は明治維新の前まで「此処で転んだ者は七年しか生きられない」との謂れがあったとされている。

理不尽な理由で殺された親子。夜な夜なあらわれる首なし男。

生涯すべての業を浴びせたように命を奪う、七年殺しの呪い坂。

滝不動の因縁として語られる諸々に、何処か似てはいないだろうか。

はたして、まったくの無関係なのだろうか。

真相は判らない。だから、滝不動の謎はいまも不明のままである。

私は今後も調査を進めていくつもりだ。どうか、続報をお待ちいただきたい。

二〇二二年十月現在、管理上の問題から末広滝は立ち入り禁止になっている。

流言もこれで止むだろうか。それとも、さらに尾鰭をつけて滝壺を泳ぐのだろうか。

＊＊＊

さて――滝不動との関連は不明だが、最後に余談をひとつ。上山生まれの民話研究者・武田正氏が「昭和十三年の思い出」と題し、こんな譚を残している。

氏が小学生だった時分、上山小学校の二階には人体標本の置かれた薄暗い教室があり、さらにその教室の前には中二階になっている畳敷きの部屋があったらしい。

和室の用途を知る生徒は誰もいなかったが、担任は「その部屋には入らないように」と生徒に繰りかえし忠告し、立ち入り禁止の理由を以下のように述べていた。

うっかり其処へ行くと、妙齢の女が姿を見せるのだという。

そして、女の顔には目も鼻もないのだという。

目鼻がないと聞けば、一般的には〈のっぺらぼう〉を想起する。

けれども私は妄想してしまう。もしや、事実はすこし違うのではないか。

その女は目鼻だけではなく――首がなかったのではないか。

くびもろもろ――(県内全域)

滝不動からほど近い上山市牧野《まぎの》にある五巴《いつつともえ》神社では、五名の農民を祀っている。
彼らは一揆《いっき》の首謀者として処刑された人物で、その首は三日間往来に晒されたという。
ところが刑死ののち、夜な夜な五人の生首が〈巴〉の字を書くように宙を舞ったため、
人々は五巴の名を冠した社を建てて御霊を鎮めたのである。
やはり、ここでも首が出てくるとは――なにやら因縁めいたものを感じてしまう。
生首にまつわる山形の譚は、ほかにも数多く残っている。
晒《さら》し首よろしく、いくつか並べてみるとしよう。

＊＊＊

新庄市本合海《もとあいかい》の祐佐《ゆさ》神社は、村人ふたりの名を冠した珍しい神社である。
幕末のころ、本合海地区は大変な飢饉に見舞われていた。ところが庄屋は不正を働き、
年貢よりも重い額を各家に割りつけたのである。これに怒った斉藤祐助と樋渡佐之吉なる

ふたりの若者が「庄屋を裁いてほしい」と新庄藩に直訴した。ところが藩は彼らの弁明に耳を貸さず、御上《おかみ》に逆らったと打ち首に処してしまったのである。

すると――まもなく村では不幸が相次いだ。

まず、庄屋の幼い子供が発狂して死に、当の庄屋は舌が潰れてなにも喋れなくなった。庄屋と無関係な人々も、得体の知れぬ病気に罹ってばたばたと死んでいった。

村人は震えあがり、近隣に住むオナカマ（口寄せ巫女）へ災禍の理由を問うてみれば、「ふたりの祟りである。首と身が離れているゆえ、成仏できぬ」

そのような答えが返ってきた。

ふたりが誰かは、改めて訊ねるまでもなかった。

みなはさっそく福田原の刑場から祐助と佐之吉の生首を貰い受け、積雲寺に立派な墓を立てると、ふたりをねんごろに弔ったそうである――と、此処で終われば、物語としては収まりが良いのだが、なおも祐助と佐之吉の怨みは消えなかったとおぼしい。

時は過ぎて、昭和二十五年のこと。

村の某家に住む産婦が高熱に罹り、夜ごと魘《うな》されるようになった。聞けば、毎晩知らぬ若者ふたりが夢枕に立ち、血走った眼で産婦を睨《にら》みつけるというのである。

夢だとしてもあまりに長く、あまりに恐ろしい。産婦は堪らずに霊験あらたかと評判の山形に住む尼僧を訪ね、夢枕に立つふたりの正体を訊ねた。

「死罪になった村の若者だ。首だけが、まだ生きている」

帰宅した産婦が尼僧の託宣を告げるなり、村は大騒ぎになった。

どう考えても祐助と佐之吉ではないか。八十余年を経てなお怨んでいるというのか。

執念に青ざめつつ、村人は彼らを祀ろうと決め、ふたりの首を墓から神社へと移した。

以来、現在にいたるまで祐佐神社は人々に篤く信仰され、畏怖《いふ》と尊敬を集めているのである――などと、きれいに譚は終わらない。

建立されてのち神社は何度か人の手が入り、そのたびに首も取りだされている。

ところが、祐助と佐之吉の首はきまって庄屋の家の方角を向いており、何度なおしてもいつのまにか動いているのだという。

彼らは、まだ怨んでいるのだろうか。

＊＊＊

鶴岡の奇談をまとめた『近世怪變《かいへん》』に、天明六年の奇妙な事件が綴られている。

荒町(現在の鶴岡市山王町)に住む仏師・幸八のもとへ、湯殿山中にある大網村から「愛染明王の尊像を修理してほしい」との依頼があった。

さっそく幸八は像を預かり、傷んだ箇所に鑿《のみ》を入れはじめた。

ところがいざ腹部に及んだところ、なにやら刃先にやわらかい感触が伝わってくるではないか。いったいなんだと内側を覗きこんだ幸八、腰を抜かすほど仰天した。

仏像に入っていたのは、人の頭だったのである。

それも髑髏ではなく、肉も皮も目も髪もついた生首なのである。

首には「延徳三年再興 三郎五郎貞久」との記銘が添えられていた。

延徳といえば三百年も前の時代になる。それほど旧い首が腐りもせず残っているとは、いったいどういう理屈なのか。そもそも、どうやって仏像に生首を入れたのか。貞久とは何者なのか。尊像を再興した者の名前なのか、それとも首の持ち主なのか。

なにも判らず、すべてが不明のままで記録は終わっている。

＊＊＊

仏師の幸八が住んでいた荒町からわずかに西へ進むと、鶴岡きっての怪談の要所である大督寺《だいとくじ》に到着する。鶴岡でもっとも大きな寺院であり、庄内藩主・酒井家の菩提寺としても名高い大督寺だが、周辺に怪しい譚が尽きぬことでも知られている。

たとえば平成六年七月十九日の山形新聞では【ケケケッと笑う生首】なる、およそ新聞らしからぬ見出しで、この名刹に伝わる怪異を特集している。

《ある月夜の晩、ひとりの侍が大督寺の門前を歩いていたところ、境内の木々が風で揺れ、何処からともなく笑い声が聞こえてきた。なにごとかと侍が大督寺の塀を見遣れば、髪を振りみだした女の生首がこちらを見下ろしているではないか。驚いた侍がとっさに下駄を投げつけるや生首は消え、笑い声も月へ吸いこまれるように聞こえなくなったという》

記事では、この譚を「同寺近くに住む七十代女性が幼いころに聞いたもの」と紹介しており、昭和四十二年に刊行された『庄内奇談』にも同様の怪異譚が載っている。つまり鶴岡ではそれなりに有名な逸話であったとおぼしい。それにしても普通は「生首の正体は狐か狢《むじな》だった」「寺の墓所に眠る女だった」など腑に落ちる結末があってもおかしくないと思うのだが、そうした因果はいっさい語られない。其処が、やけに怖い。

また、明治時代には大督寺の境内に〈首なし馬〉が出現するとの噂が流れた。

この馬を退治しようと子供ら数名が寺に忍びこんだものの、先頭を進む子が〈濡れたもの〉に頬を撫でられ全員逃げだしたとの記録も残っている。こちらも背景はまるで記されていない。全国各地に伝わる妖怪〈首切れ馬〉の系譜とも考えられそうだが、首切れ馬の多くは辻や路上に出るとされており、寺の境内に出現するのは珍しい。

それにしても、人といい馬といい、やはり首の怪である。

なぜ大督寺周辺には、首がらみの怪しい譚ばかり伝わっているのだろう。


手がかりを求めるうち、町名の由来を記したサイトに興味深い記述を見つけた。

大督寺のある家中新町《かちゅうしんまち》には、かつて渋紙小路《しぶがみこうじ》なる小径があったらしい。

小路の名は殺人事件に由来する。その昔、盗賊が旅人を殺して路銀を奪い、その死骸に渋紙（柿渋を塗った耐水性の和紙）を被せて逃走したのだという。それからというもの、小路では毎夜渋紙をたたむ音が聞こえるようになり、やがて地名になったのだという。

おや——と首を捻《ひね》った。

たしかに、渋紙は着物や雨具にも用いられる。だが、それを脱いで死体を覆ったのだとすれば、盗賊は半裸で立ち去ったことになる。わざわざ、一見して怪しまれる姿になるというのは、すこしばかり合点がいかない。

もしや、彼らが持っていた渋紙は包み紙など小ぶりな代物だったのではないか。

彼らは死体をまるごと隠したわけではなく、ひとめで死体だと判る箇所のみをひとまず隠蔽したのではないか。

ひとめで死体と判る箇所――つまり。

斬り落とした首、あるいは斬った首の断面に、渋紙を被せたのではないか。

その無惨な姿が語り継がれるうち、女の生首や首なし馬に変化したのではないか。

などと書き連ねてみたものの、真相は仏像に入った生首とおなじく不明のままである。

こちらも滝不動とおなじく、さらなる調査が必要なようだ。さらなる情報が見つかったあかつきには、続刊でお知らせしたいと思う。

臂切不動──（鶴岡市）

羽黒山の荒澤寺《こうたくじ》は、境内に常火堂を置いている。

堂内には石囲炉裏《いろり》が設けられ、絶えず火が燃やされている。

かつて修験者が峰入りする際は、この常火堂の火を用いるのが慣《なら》わしであったという。

一般の家でも、死人やお産によって家の火が穢れた際は、常火堂より火口《ほぐち》を貰って新しく換えるのが常であった。

そして、堂に置かれた不動尊は〈臂切不動《ひじきり》〉の別称を持っている。

『羽黒山縁起』によると、能除太子《のうじょたいし》が羽黒山を開くおり、大日如来の身から出た炎で火を灯そうとしたが上手くいかなかったため、不動尊が剣でみずからの肘《ひじ》を斬り落とし、腕を松明《たいまつ》にして灯りを護ったのだとされている。

この臂切不動に関し、不思議な譚がひとつ伝わっている。

明治維新によって出羽三山、とりわけ羽黒山は大変革を余儀なくされた。

神仏判然令が伝えられると、羽黒修験の総本山である寂光寺《じゃっこうじ》は出羽神社へと改められ、伽藍や仏像は悉《ことごと》く破却、山内にある十五坊も取り壊された。

むろん、常火堂のある荒澤寺にも「改宗すべし」との令が届いた。

このとき陣頭指揮を取ったのが初代山形県令、いまの県知事にあたる三島通庸《みちつね》だった。三島は政府の威厳を示さんとみずから荒澤寺に乗りこみ、廃寺を迫ったのである。

「鬼県令」の異名を有する三島の態度は、はなはだ傲岸不遜なものであったという。

先ず、鬼県令は境内の「片箱《かたばこ》」に目をつけた。

片箱は不動堂裏に据えられた拝所で、一見したかぎりは人ひとり入れる程度の横穴だが、実はみだりに拝むことさえ憚《はばか》られる聖域中の聖域とされていた。

その聖域を、あろうことか三島は手にしたステッキでぐりぐりと弄《いじく》りまわしたのである。

侵すべからざる聖域を犯され、僧たちは憤慨した。僧のひとりは腰の山刀を振りかざし、県令に斬りかかろうとしたとの言い伝えもある。

しかし、文字どおり勝てば官軍である。どれだけ辱めを受けようと逆らえるはずがない。御堂改めを経て荒澤寺が廃寺になるのは避けられない。誰もがそのように思っていた。

ところが――常火堂に入った、次の瞬間。

三島はいきなりその場で卒倒し、人事不省に陥《おちい》ってしまったのだ。

まもなく無事に回復したものの、よほど薄気味が悪かったと見えて、三島は御堂改めもそこそこに下山してしまった。

かくして荒澤寺はすんでのところで廃寺を免れたのである。

「さしもの鬼県令も、臂切不動には叶わなかったと見える」

「考えてみれば至極当然だ、不動が鬼に負けるはずがない」

人々はそのように語りあい、以前にもまして不動を敬ったという。

寺を救った臂切不動は、いまも堂内で静かに佇んでいる。

モリノヤマ――（鶴岡市）

庄内地方では「人は死ぬとモリの山へ集まり、穢れを清めてから月山《がっさん》や鳥海山に籠って山の神になる」と信じられている。そのため〈モリ供養〉なる祖霊信仰が、現在も各地でおこなわれている。〈モリ〉とは亡霊が転訛したものだとも「亡者離苦生安養平等利益」の略だともされる。屍体は墓の下へ、魂は山の上へ行くのである。

なかでも鶴岡市清水の三森山《みつもりやま》は、死者が集う〈モリの山〉として知られている。普段は地元民ですら死霊を恐れて立ち入らない三森山だが、八月二十二日、二十三日の両日は、多くの人々が花や供物を持ち寄って山上の諸堂を巡拝する。この日にモリの山へ登った者は、死んだ肉親の声を聞いたり、死に別れた親兄弟そっくりの人に逢うとされた。

そのような山であるから、厳格な禁忌も多い。

「供養以外の目的でモリの山に入ってはならない」

「死人の出た家では、かならずひとりが登らなければならない」

「親が存命の人間が登ってはならない」

「モリの山から現世に戻るときは、いっさいの物品を持ち帰ってはならない」

これらを破ると餓鬼に憑かれ、凶事に見舞われるのだと謂う。

鶴岡市在住のT氏も、この山で奇妙な体験をしている。

二十年ほど前の夏、氏は三森山のモリ供養に参加した。彼の家で死人があったわけではない。入院している本家の者に代わり、前年に死んだ大叔父の供養に訪れたのである。

三十人ほどの行列を追って坂をのぼるうち、T氏は体調の異変に気づいた。妙な目眩に襲われ、前を歩く高齢女性の背中へ何度もぶつかりそうになってしまうのだ。

三森山は標高わずか百二十メートル、マラソンが趣味の氏にとっては山登りの範疇《はんちゅう》にも入らない。この程度の低山で困憊《こんぱい》するなど有り得なかった。ならば熱中症かと考えたが、朝から水分は欠かしておらず、いまもペットボトルの麦茶を飲みながら歩いている。

いずれにせよ、このままでは不味い。見ず知らずのお婆さんに倒れかかってしまう。

しばらくは堪《こら》えていたものの、気合いだけで不調を我慢できるはずもない。何度目かの目眩に見舞われた際、大きくよろけた拍子に老婆の背へ触れてしまった。

とたん、女性がぐるりと背後を向いた。

その顔が、熟《う》んだバナナよりも黒い。

眼球があるはずの窪に、小石がみしみし詰まっている。

「あっ」と叫ぶや視界が暗くなり――気づくと、路傍で介抱されていた。

「大丈夫かや」

声に目を開けると、モリの山の関係者らしき老人が自分の顔を覗きこんでいる。

体調不良より気恥ずかしさが先に立ったT氏は「いや、ちょっと躓《つまず》いただけです」と、咄嗟に弁解した。すると老人、氏の額に濡れた手拭いをあてながら、

「ムエンサマだの」

そう云って、T氏の手を掴んで腕を持ちあげた。

手首に、腕輪のような黒ずんだ痣《あざ》が浮いている。

老婆の顔にそっくりな色だった。

奇妙な痣はどんな薬を塗ってもいっこうに薄まらなかったが、翌年のある朝、起きると嘘のように失くなっていた。

痣が消えたのはちょうど一年目、モリ供養の日であったという。


モリ供養では、自分の縁者のみならず無縁仏も弔う。

昭和二十年代の出来事として「三森山で無縁仏に憑かれた老人が、木の枝を掴んだまま気を失っていたため、戸板に乗せて里まで運んだ」との記録もある。

ざわざわ――（鶴岡市）

亡霊《モリ》の集う三森山は、江戸のころから奇妙な出来事が絶えなかったようだ。
鶴岡城下、鍛冶町に住む松山道庵という御殿医のこんな譚が残っている。

あるとき――清水村の病人を診察した道庵は、従僕とともに三森山を帰っていた。と、中の峰に差しかかるや、先刻まで晴れていた空が俄かに翳りだし、まもなく鼻先も見えぬほどの霧に包まれてしまった。

山の天気は変わり易いと聞くが、三森山は低山である。これほど急変するなど尋常ではない。道庵が困惑するうち――霧のなかに、ざわ、ざわ、と人の聲《こえ》が聞こえはじめた。

杣人《そまびと》か、それとも鉄砲撃ちであろうか。

思案をめぐらせていた道庵、すぐに「違う」と思いなおした。

多すぎるのだ。

ひとりやふたりの声ではない。数十人――否、数百人の囁きがざわざわざわざわと森にこだましている。それほどの数の人間が山に居るはずはない。

そんなものは——人ではない。

道庵が慄くうち、今度は幾十もの人馬が迫ってくるような轟音が耳のそばで聞こえた。彼自身の詞を借りるなら「芝居小屋の脇を通っているようであった」という。

それでも暫くすると霧は薄まり、空にも晴れ間が見えはじめた。この機を逃がすまいとばかりに、道庵と従僕は急いで山を下った。

ようやく辿りついた麓では、石工の男が黙々と石を切っていた。

興奮冷めやらぬ従僕が「実は先刻……」と、いましがたの怪事を語ったところ、石切は顔色ひとつ変えず、

「へえ。此処はそういう場所です。ときどき、そういう異変《こと》が起こります」

にべもなく答えたという。

モリの山は昔もいまも、そういう処なのである。

知らぬ戒名――（鶴岡市）

おなじモリの山でも、こちらは昭和三十年代というから、それほど旧い譚ではない。

あるとき、鶴岡の中清水に住む男が三森山へ登った。

山菜採りに赴いたのか、薪を拾いに行ったのか、いずれにせよ供養が目的ではなかったようで「死者を弔う日以外は入るべからず」という掟など頭の片隅にもなかったらしい。

すると――帰宅した夜から、男の様子がおかしくなった。

見たこともない戒名を紙にさらさらと書いて仏壇に飾り、そこへ餅や菓子を供えては、蝋燭を灯して線香を焚き、声高らかに経を詠むのである。

菩提心など微塵も持ちあわせていなかった男の急変に、周囲はたいそう戸惑った。

なぜ知るはずがない経を詠めるのか。そもそも戒名は誰のものなのか。どれだけ家族が問い質しても男は答えず、一心に読経を続けるばかりだった。

みなは困りはてたすえ、評判高いミコのもとを訪れる。

「兄《あん》つァ、餓鬼《がき》さ憑かれだねァ。弔ってほしェなンど」

ミコが告げた託宣にしたがい、家族は戒名を寺に持参して供養を頼んだ。

その甲斐あってか、男はまもなく夢から醒めたように正気を取り戻し、あれほど熱心に詠んでいた経も一夜ですっかり忘れてしまったという。


これだけならば「不思議なことよ」で、終いになる。

ところが、この譚には後日談があった。

男が平静を取りもどして数ヶ月後、家族は〈戒名の主〉をひょんなことから発見する。

かつての義姉——男の兄の先妻だったのである。

先妻は病気がちな人で、それを理由に離縁されていた。その後、実家に帰ってまもなくひっそりと亡くなっていたのだ。

「縁のある者を見かけ、懐かしさもあって憑いたのだろう」

「やはり、供養する気もなくモリの山へ入ってはいけないのだ」

男の譚は、しばらく町内で語り種になったそうだ。

秘密のおでかけ――（鶴岡市）

モリの山に還った死者は、さらに標高が高い周辺の山で清められたのち月山や鳥海山に鎮まるという。山の神になるため、死者は清められて人を辞めるのだ。

そんな〈浄化の山〉にまつわる奇妙な記事を、平成六年七月の地元紙に見つけた。

以下は、鶴岡市三瀬に住む二十代女性の体験談である。


あるとき、彼女は〈金峯山《きんぼうざん》に出る幽霊〉の噂を小耳に挟んだ。

金峯山は「三森山から死者が来る」との謂れを持つ鶴岡市の霊山である。明治以前には山頂に修験道場が置かれていたが、現在は夜景スポットとして若者の人気を集めている。

ふもとから山頂へ続く車道はつづら折りになっており、曲がり角にはいくつものカーブミラーが設置されている。そして、そのうちのひとつに――。

幽霊が映る、というのだ。

怖い話に目がない女性、さっそく「確かめてみよう」と思い立った。

とはいえ自身は「怪談好き」というだけであり、幽霊に遭遇した経験など一度もない。

いたずらに出かけたところで空振りに終わるのは明白だった。

そこで彼女は「霊感が強い」と標榜してやまない友人を同伴させることにした。視える人間を連れていけば、嘘か真か判るに違いない――そのように考えたのである。

もちろん事前に目的を告げたが最後、確実に断られてしまう。そこで友人には前情報をいっさい伝えず、それとなく夜のドライブへ誘ったのだという。

決行当日――彼女はなにも知らない友を乗せ、秘密のきもだめしへと出発した。

はじめのうちは真意を悟られぬよう市内を適当に流し、頃合いを見計らって「あそこ、夜景が綺麗なんだって」と、車をさりげなく金峯山の方向へ走らせる。

杉木立が両端にそびえる道をゆるゆる登っていくうち、まもなく最初のカーブミラーが見えてきた。ヘッドライトに照らされ、黄色い柱が闇に浮かぶ。霊感と無縁な女性ですらぞくりとする光景だった。

だが、助手席の友人にさしたる変化はない。カーブミラーが迫ってもお喋りを止めず、真横を通りすぎても振りかえる気配すら見せなかった。

あれ、予想以上に反応が薄いな。じゃあ――やっぱり単なる噂なのかな。

心のなかで落胆しながら次のカーブを曲がろうとした、次の瞬間。

「あ、停まって。あれは駄目だわ」

友人が早口で云った。

見れば、友人は顔をこわばらせたまま数メートル先を睨んでいる。視線を追いかけた先では、藪へ隠れるようにカーブミラーが立っていた。

けれども鏡面には薄暗い路地が反射しているばかりで、誰の姿もない。

なにも居ないけど――そう云いかけた、直後。

目の前のカーブミラーが、かかかかか、と左右に揺れた。

誰かが揺すっているかのごとく、黄色い支柱が小刻みに震えていた。

息を呑む女性に、友人がひときわ強い口調で告げる。

「早く戻ろう。じゃないと」

あなたも視ちゃうよ。

細い道に悪戦苦闘しながらタイヤを何度も切りかえし、どうにか下山したという。


くだんの女性は知らなかったとおぼしいが、金峯山は車道のほかにも旧い参道があり、その路傍には墓石や供養碑が実に八百五十六基あまりも立っている。

文字どおり〈死者の眠る山〉なのだ。

つまり、友人が視たのは。

ゆめをんな――(遊佐町)

遊佐《ゆざ》幼稚園の園長であった鳥海宗晴《とりのうみむねはる》氏が、昭和五十年の夏にこんな体験をしている。


盆も明けた八月二十三日の夜。氏は、夢のなかで海岸に立っていたのだという。

どこまでも白砂が布《し》かれた浜と遠浅のおだやかな海、その先にまっすぐ伸びる水平線。飽くほどに見なれた遊佐町の十里塚である。

目の前の波打ち際では、園児たちが輪になって戯れていた。一心に砂を掘る子、拾った貝殻を洗う子、掌《てのひら》で波を叩いて水飛沫をたてる子。銘々が気ままに遊んでいる。

そして、無邪気な子供らの傍には――屍体がひとつ、ごろりと転がっていた。

女である。

寄せる波に黒髪が揺れ、引く波で浮腫《むく》んだ顔があらわになる。白濁した目。紫色の肌。あちこちを向いている弛緩した四肢が、等身大のマネキンを連想させた。

はしゃぐ児童と女の屍体――なんとも不気味な夢だが、鳥海氏はいたって冷静だった。

夢を見る理由に心あたりがあったからだ。

明日から十里塚の公民館で、年長組の子供らと一泊二日の夏期保育をおこなう。たぶんその支度が気がかりで、このような夢を見ているのだろう。

女に関しても見当がつく。数日前、「余目町《あまるめまち》に住む女性が野良仕事へ出たきり行方不明になっている」という記事が地元新聞に載っていた。「最上川へ投身したのでは」との一文を目にした憶えもある。おおかた、それが心に残っていたのではないか。

最上川は隣の酒田に注ぎ、海へと続く。潮の流れによっては十里塚まで漂着することも稀ではない。知らぬ女の行方を案じた結果、懸念が夢の形で顕現しているに違いない。

それにしても生々しい光景だ——などと妙な感心をしているうち、目が覚めた。

その日の午後。鳥海氏は、夏期保育に参加した園児らと十里塚で遊んでいた。

浅瀬での水遊びを終え、貝殻拾いのために浜辺を歩く。

と、氏の手を握っていたひとりの子が、

「あ、人形がある」

唐突に叫んで駆けだした。

ほかの園児もつられて走りだす。たちまち子供らは十メートルほど先の波打ち際で輪になり、拾った木の棒でなにかを突つきはじめた。

「おおい、お人形をいじめちゃダメだよ」

呼びかけながら二、三歩近づくなり、「人形ではない」と悟る。

水死体だった。

あの女が、夢に見たとおりの姿で横たわっていたのである。

「単なる偶然の一致だろう。たかが夢ではないか」と笑い飛ばすことは容易い。

しかし、私はそのように思えなかった。

先述したモリ供養風習は遊佐町にも伝わっている。そして、十里塚では海難者の供養を地蔵盆の日、八月二十三日に十里塚公民館でおこなうのだ。

この夜は海で死んだ者を弔うため、宗派に関係なく住民が集まってモリの山念仏を唱え、供養堂にコバボトケ（木製の薄い卒塔婆）を納める。堂の裏手には、いまでも身許不明の水死体が数多く埋葬されている。

一年にたった一度の〈死者が還る日〉に、女は海から戻ってきたのだ。

ありがたや　むえんくようの　もりのやま　ほとけのかずに　いるぞうれしき
【十里塚のモリの山念仏】

オネコサマ――(酒田市)

酒田市の十里塚浜にも、さまざまなものが流れつく。海岸沿いの砂防林に祀られている〈オネコサマ〉も、そんな漂着物のひとつである。

漢字で「御根子様」と書くように、オネコサマは奇怪な形状をした巨木の根っこで、納められた拝殿も鳥居も沖の方角を向いている。樹木でありながら海の守り神なのだ。

酒田市教育委員会が設置した案内板には、以下のような謂れが記されている。

「その昔、村人の夢枕に白髪の老人が立って〝我は村の守護神だ、大波に乗ってお前らのもとへ現れるであろう〟と告げた。はたして翌朝、海岸に大きな木根が打ちあげられる。村ではその木の根をオネコサマと崇め、堂を建てて祀ったという」

いかにも伝承然とした由来だが、『庄内の伝説』なる本には異説が載っている。

こちらは、もうすこし怖い。

いつのころか、近くの袖浦《そでうら》沖を通過する船が激しく揺れるようになった。波も静かで、風もない。それでも揺れる。

その勢いは凄まじく、櫓《ろ》にしがみつかなければ海へ投げだされるほどであったという。このままでは航行も侭《まま》ならない。難儀した漁師たちがミコへお伺いを立てると「海神が陸にあがりたがっている」との託宣があった。

そうは云われても、どうすれば良いのか判らない。

海底へ網を打つにしても、何処にあるのか、そもそも海神がどのような姿であるのかも判らないのだ。袖浦の者は途方に暮れてしまった。

それからしばらくが経った、大時化《しけ》の翌朝。

寄り木を拾おうと浜を散策していたひとりの男が、巨大な木の根を目に留めた。思わぬ収穫に男はたいそう喜び、不要な枝を落として持ち帰ろうと決める。

ところが――いざ鉈を入れるなり、切り口から血のように赤い汁が吹きだした。

運悪く飛沫を顔に浴び、男は両目が潰れてしまった。

そして、その日を境に船の揺れはぴたりと収まったのである。

人々は「この木こそ海神ではないか」と畏れ、今度はその処遇に悩みはじめた。

すると、まもなく噂を聞きつけた十里塚の者が袖浦を訪ねてきて「ぜひ、うちの集落へお迎えしたい」と木の根を譲り受けた。それが、オネコサマなのである――。

たまたま木の根を見つけた男性にとっては、とんだ災難としか云いようがない。
やはり、海から流れついたものは恐ろしい。

十里塚では漁の前にかならずオネコサマを参拝し、漁業関連の行事をおこなう際には、地曳き網の三役が酒を携えてお参りするという。また、近くの沖を通行する場合は海上であっても拝礼しなければならず、それを怠《おこた》るときまって船が動かなくなるそうだ。

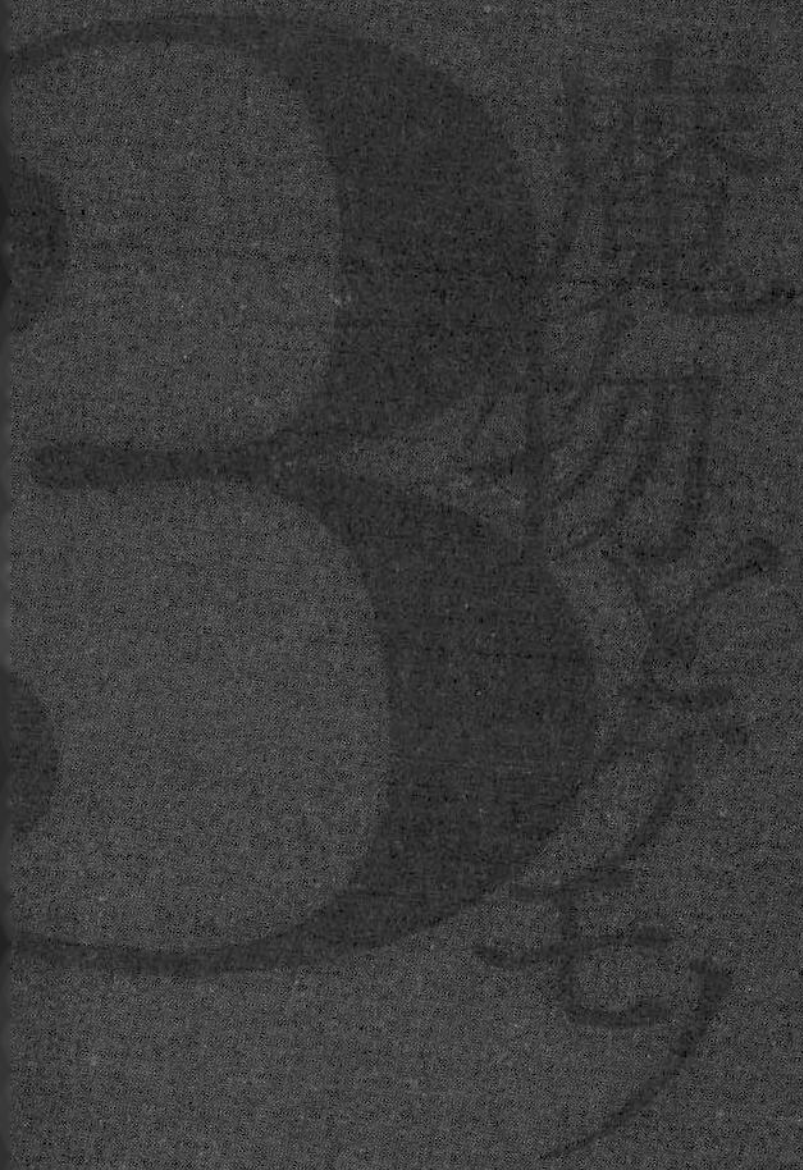

しかまいり――（山形市）

山形市は、東北一の大都市・仙台市と隣接している。

車でおよそ一時間という近さもあって、山形市民は頻繁に仙台へ出かける。大半の者は一般自動車道を走るが、ただ一ヶ所、笹谷《ささや》峠だけは迂回して高速道路を使う場合が多い。それほどまでに笹谷峠は険しいのだ。

平安時代から旅人が行き交った要所にもかかわらず、笹谷峠では四季を問わず遭難者が絶えなかった。そのあかしに、いまも「二百万遍供養」「三界万霊」などと刻まれた石碑や、凍死した人夫を弔う六地蔵が残っている。

仙台藩主・伊達忠宗は死人の多さを案じ、山頂に避難所として東国山仙住寺《とうごくさんせんじゅうじ》を建立した。境内の大鐘は、遭難者が出た際に撞《つ》き鳴らして麓へ知らせるためのものであったという。明治維新を迎えて仙住寺は廃寺となり、その跡地には酒などをふるまう茶屋が置かれ、避難所としての役目を受け継いだ。

その茶屋の主人が、こんな譚を残している。

昭和三年の山形新聞に載った記事を下敷きに、なにが起きたかを語ってみよう。

日暮れからの粉雪が瞬くあいだに降り積もった、ある夜のこと。

寝支度をしているさなか、茶屋の主人は雪を踏む足音を戸外にみとめた。足音はおよそ十名ほど、冬山には珍しい大人数である。

さだめし、峠越えに難渋した者であろうか。だとすれば凍えているに相違ない。

主人はさっそく火を焚きなおして湯を沸かし、一行が茶屋へ来るのを待った。

だが、いつまで待っても足音の主が戸を叩く様子はない。それどころか、次第に軒から遠ざかり、観音堂の前へ移動している。

このような雪の夜に参詣など考えられない。しかも、仙住寺の本尊だった十一面観音は御一新のおりに麓へ移されている。明治からこのかた、観音堂は空っぽなのだ。

それも知らず笹谷まで来るとは――いったい何者だ。

好奇心に駆られた主人、おそるおそる戸の隙間から覗いてみた。

誰もいない。観音堂の前には人っ子ひとり見あたらない。

ぎょっとした次の瞬間、闇のなかにひときわ大きな聲が響いた。

「然《さ》て然て、このあたりも昔とまるで違っておる。変われば変わる世のなかよ」

隔世を嘆く聲は謡《うたい》に似ており、老人のようにも若者のようにも聞こえた。

やがて聲に応えるがごとく、幾つもの足音が雪をざぐざぐと踏みながら遠ざかって――あたりは再び、夜山《よやま》の静寂に戻った。

いまのは、なんだ。私はなにを聞いたんだ。

主人が戸口の前で震えるうち、再び複数の足音が近づいてきた。

六、七人連れの商人が、夜通しで峠を越えんと茶屋を訪ねてきたのである。

主人は慌てて彼らを招き入れると焚き火の傍へ座らせたが、どうにも先刻の聲が頭から離れない。そのうちとうとう堪えきれなくなり、最前の出来事を語って聞かせた。

すると、商人のひとりが「なるほど」と得心した様子で頷いた。

「実は先刻、十二、三頭の鹿に遭遇した。なんとはなしに〝おう〟と呼びかければ、鹿はまるで懐かしむような瞳で此方を見てから、谷底へ下っていくではないか。ならばあれは金華の神鹿《しんろく》であったのだろう」

商人によれば、宮城には金華山《きんかさん》なる島があり、其処《そこ》に棲む鹿は冬になると各処の観音を参詣するため、島から出ていくのだという。

「我々が仙台の者だと気づいて、鹿たちも親しく思ったに違いない」

そう云い残すと、商人たちは唖然とする主人を置きざりに、山形へ向かう雪道へ消えていったそうである。

きんかふだ――（山形市）

笹谷峠を詣でた鹿の棲む金華山は、島全体が神域とされている霊島である。

明治以前は大金寺《たいきんじ》という真言宗の寺院があり、出羽三山、恐山とならんで東奥三霊場のひとつに数えられていた。

現在は黄金山《こがねやま》神社が置かれており、「三年欠かさず参詣した者は一生金に困らない」との言い伝えを信じて、いまも昔も多くの者がお参りに訪れる。

その黄金山参詣にちなんだ奇《あや》しい譚を、ひとつ。

明治か大正の出来事だという。


山形市に住む男が、思うところあって金華山を訪れた。

ところが黄金山神社で参詣を終えて宿坊に戻ると、貰ったはずの御札が見あたらない。

わざわざ渡島するほど崇敬の念を抱く男である。うっかり落とすなど有り得なかった。

もしや、なにかの啓示ではないのか。

胸騒ぎをおぼえた男は旅程を早め、早々に山形へ戻ったのだという。

はたして自宅に着いてみれば、妻が鬼気せまる表情で風呂竈に薪をくべており、重石を乗せられた風呂の蓋が、ばたん、ばたん、と暴れている。

妻を突き飛ばして蓋を開けると、風呂のなかには幼い我が子が閉じこめられていた。

実は――妻は男の後添い、つまり後妻にあたるのだが、前妻の子を憎むあまり「旦那の留守中に茹で殺してやれ」と、沸騰する風呂に突き落としたのであった。

慌てて子供を湯船から掬《すく》いあげるなり、男は首を傾げた。

肝心の我が子は平然としており、火傷ひとつ負っていないのだ。

これはいったい、どういうことだろう。

不思議に思って眺めるうち――男はすべてを悟り、その場に跪《ひざまず》いて合掌した。

子供の背中には、金華山で失くしたはずの御札が貼りついていたのである。

きつねつき――（県内全域）

狐に憑依されて精神の均衡を失った人、あるいはその状態を、俗に〈狐憑き〉と呼ぶ。現代では、脳の疾患による錯乱などが原因だとされているが、かつては祈祷やお祓いで対処することも珍しくなかった。

山形にも狐憑きの記録は多い。

たとえば、飯豊町小屋地区にはこんな譚が伝わっている。

ある年の春、旅の男が「宿を貸してほしい」と集落にある屋敷を訪ねてきた。屋敷の者は「余所《よそ》の話を聞けるのはありがたい」と男を歓迎し、山あいでは貴重な鰊《カド》を食わせ、〈オミトジョの部屋〉へ泊めてやったのだという。

〈オミトジョの部屋〉とは、屋敷神のお稲荷様を置いた一室である。炉が置かれた部屋へ小ぶりの社《やしろ》を祀り、その周囲に〈オミトジョ〉と呼ばれる赤い布を、旧いものから今年のものまで幾重にも掛けてある。そのような部屋を男の寝室にあてがったのである。然《さ》して深い意味はなく、単純に「温かいから夜も過ごしやすかろう」との理由であったようだ。

しかし、その日の真夜中。

男はいきなり跳ね起きるや、ぴょんぴょん高く跳びあがりながら暴れだしたかと思うと裸足で外へ飛びだし、ついには屋敷のまわりを駆けまわりはじめた。

騒ぎを聞きつけて集まった近所の者が捕まえようとしたものの、男は獣のように動きがすばやく触ることさえ侭ならない。みなで夜どおし追いかけたすえ、最後は裸で川の水を浴びているところを、無理やり押さえこんでようやく捕獲したという。

みなは「村に来る前から男は狐が憑いていたに違いない。稲荷様を祀ったオミトジョの部屋へ寝かせたので、箍《たが》がはずれたのだろう」と、疲れた表情で話したそうである。


オミトジョという名前が、響きもあいまって非常に興味深い。

調べたところ米沢市の堂森《どうもり》にも二月十七日と十月一日の年二回、比丘尼平《びくにだいら》の山の神へ〈オミトジョウ〉を捧げる慣わしがあったらしい。また福島県昭和村にある「からむしの里資料館」によれば、冬に織った麻布の切れ端を〈オミトジョウ〉と呼び、四月に野祠へ捧げる行事が現在もおこなわれているという。

福島県内には同種の布を捧げる習俗が複数あって、オカミサマやオシンメイサマなどと呼ばれている。オシンメイサマは、青森県津軽地方や岩手県遠野市に伝わるオシラサマに似た人形で、布片をいくつも身体に巻いている。オシラサマのように蚕神《さんしん》としての属性は持たないようだが、オシラサマとおなじく人に憑依したとの記録は多い。

もしや、右記の逸話に登場するオミトジョは「屋敷神の名」と「その神に飾る布片」が同一視されたもので、もともとは人に憑く存在であったのかもしれない。

だとすれば、旅の男が正気を失ったのもおおいに頷ける。

＊＊＊

小屋集落には、ほかにも狐憑きの譚が残っている。

ある雪の日、小屋に住む老人が町へ米を売りに出かけたまま行方不明になり、数日後に雪のなかで凍え死んでいるところを発見された。土産に買ったとおぼしき納豆の苞《つと》だけが腰に残っていたので、みなは「狐に化かされて死んだのであろう」と噂した。

すると、その翁の葬式で妙なことが起こった。

仏前へ事前に供えておいた団子や菓子が、いつのまにか消えてしまうのである。

葬儀を取りしきっている男は猟師でもあったため、すぐに「これは盗人ではない。狐が悪さをしているのだ」と直感した。

騙すだけでは飽き足らず、弔いまで邪魔するとは――獣のくせに生意気な。

男は、狐を殺すことに決めた。

銃を手に葬式場の庭で身を潜めていると、まもなく一匹の狐が跳ねながら近づいてきた。すかさず鉄砲を構え、狙いをさだめて撃ちはなつ。しかし、狐はくるくるくると身体を回転させて弾を避け、雪の奥へ逃げてしまった。

それきり獣は姿を見せず、その後は葬式も滞りなく終わった――のだが。

ほどなく、彼の女房がおかしくなった。

木の根の上に笹葉を編み、一日じゅう其処に座っている。男が呼びかけても反応がなく、濁ったまなざしで虚空を見つめている。

もしや――男は不安に駆られ、占い師《ノリキ》に女房を視てもらった。

するとノリキは女房の肩に触れながら、

「俺ァ狐だ。ご馳走ば食おうどしたのに邪魔さったがら、女房サ憑いでやった」

忌々《いまいま》しげに答えた。

理由こそ判明したものの、打つ手などない。こうなってはまともな生活など望むべくもなかったが、それでも男は自責の念があったのか、女房を放逐しなかった。

甲斐甲斐しく身のまわりの世話を焼き、獣のように暴れても怒ることはなく、稲荷様の好物だという焼き飯や茹で卵を毎日きちんと食卓にならべた。

けれども女房の目に光は戻らず、飯も卵もいっさい口にしなかったという。

結局、周囲の強い薦めもあって、ふたりは離縁することになった。

いよいよ実家へ戻される、その日の朝。

女房は家の戸口を出ると、ふいに男の顔を見つめた。

もしや正気を取りもどしたのか。もとのお前に戻ったのか。

と、女房は思わず歩み寄る彼の傍をすり抜け、よたよたと獣のように這いながら、その場で三度くるくると回転《まわ》って――いつのまにか見えなくなった。

最後まで狐は離れなかったのである。

小屋地区では「死霊が憑いたものはすぐに離れるが、生きた狐はなかなか離れない」と云われている。

＊＊＊

すこしばかり前、村山市の富並《とみなみ》に〈森〉と呼ばれる村落があった。

名前のとおり森に覆われた一帯で、鬱蒼とした木々のなかを馬頭《ばとう》観音へ続く細道だけが敷かれている、とても寂しい処であったという。

あるとき、この森に隣の東根《ひがしね》からひとりの女が嫁いできた。

ところがこの女、すこしばかり普通ではない。

子供を産んで三日と経たぬうちに、三里も離れた実家へ赤ん坊を抱いて赴くのである。

しかも家を出るのは決まって夜半過ぎで、朝にはいつのまにか嫁ぎ先へ戻っている。

当時はいま以上の悪路で、おまけに東根まで行くには最上川を渡らなくてはいけない。

このころはまだ川に橋が架かっておらず、人々は船で向こう岸へ渡るしか手がなかった。

当然ながら夜中に渡し船などあろうはずもない。つまり、無理なのである。

当然、村では噂になった。

どう考えても人間の業《わざ》ではないが、さりとて狐狸妖怪が人に化けているとも思えない。

だとしたら、あの女は〈人だったもの〉に違いない。狐に憑かれているに違いない。

ならば、手を貸さずとも良い。

下手にかかわっては悪いことが起こるかもしれない。

そのような結論に至った。

村の衆が交流を絶って以降も、女は毎日のように集落と実家を行き来していたのだが、
そのうちとうとう身体が保たなくなって、子供ともども死んでしまった。

そして――それから森集落では、〈本当に悪いこと〉ばかりが起きたのである。

詳細こそ記されていないが、よほど不幸続きであったらしく、村では馬頭観音へと続く道沿いに、女を弔う祠を建てている。

もっとも、それで〈悪いこと〉がおさまったのかは、記録にないため判らない。

＊＊＊

憑かれた女性のなかには、狐の子を産む者もいたらしい。

昭和のはじめ、鮭川村《さけがわむら》の十五、六になる娘が夜中に姿を消した。

家族が大騒ぎするなか、娘は翌朝に山の方角から戻ってきた。見れば血の気もないほど青ざめており、顔といわず手足といわず引っ掻き傷がついている。

その日を境に、娘は正体をなくした。

「裏に狐来た、裏に狐来た」

夜になると悲しげに叫びながら、外へ勢いよく飛びだそうとするのである。

家族は懸命に我が子を引き留め、ついには手に余ったのか座敷牢へ閉じこめてしまった。

それでも娘はたびたび逃げては、数日後に戻ってきた。やはり帰ってくると傷だらけで、おまけに獣の毛を身体じゅうに付着させている。

やがて、娘は月足らずの赤ん坊を産んだ。

赤ん坊は生まれるなり四本足で立ち、顔は狐のようであったという。


それでも二十歳を迎えるころになると娘は正気を取り戻し、まもなく普通の男のもとへ嫁いで、普通の主婦となった。

古老いわく「この地では、こうした譚がひとつふたつではない」そうだ。

狐の赤児がどうなったのか、こちらも行方は記されていない。

あなたのこ――（小国町）

似たような譚が、小国町にも伝わっている。


日露戦争のころ、ある家の夫が出征した。

妻は伴侶の身を案じ、毎晩お稲荷様へ赴いては「主人が早く帰ってきますように」と、願掛けのお参りをしていた。

すると、ある日。

なんの報せもなしに夫が帰ってきた。

女性はたいそう喜んだが、そのうち夫はいつのまにか姿を消してしまい、今度は帰ってこなかった。

そして――まもなく女は赤ん坊を産んだ。

〈毛が生えていない狐〉のような姿をした子であったという。

みなは「稲荷様が留守の主人に化けて子供を生ませたのだろう」と噂したそうだ。

この地域では、ときおり熊の子を生《な》す女性もあったという。

もぐらつき――（山形市）

昨夏、山形市東沢《ひがしざわ》地区の怪談会に招かれたおり、終演後に参加者の女性が自身の体験を教えてくれた。いわゆる「ご当地怪談」とは趣を異にする内容だが、非常に興味深い譚であったため、彼女の口ぶりを出来うるかぎり再現し、以下に紹介したいと思う。

同様の事例や類似する記録をご存じの方は、ぜひとも私宛てに連絡をいただきたい。


実はわたし、モグラに憑かれたことがありまして。

はい、そうです。土のなかに棲んでいる、動物のモグラです。

きっかけは――四、五歳のころでした。

あるとき、わたしは母親に抱っこをせがんで膝へ乗ろうとしたんですね。ところが母は「ちょっと止めて！」と叫ぶなり、ものすごい勢いでわたしを突き飛ばしたんですよ。

実の親にスキンシップを拒まれたら、子供としてはけっこうショックじゃないですか。

まあ、そのときは「お母さんだって、機嫌が悪い日くらいあるよね」と、無理やり自分を納得させせました。ところが――。

その後も甘えようと近づくたびに、母は「止めてよ！」と頑なにわたしを拒むんです。しかも、その怯える様子が尋常じゃないんですよ。怪獣にでも襲われたみたいに、本気で怖がるんです。どう考えても我が子に対する態度とは思えないんです。

あ、別に「それでトラウマになった」とかはありませんよ。普段は優しい人でしたし、料理とか送り迎えとか風邪の看病とか、母親としての愛情は注いでくれましたから。

とはいえ、わたしも心の何処かで「また拒絶されるかも」と思っていたんでしょうね。そのうち、母とは適度な距離を保って接するようになりました。小学校にあがるころは、さすがに抱っこを求めることもなくなって、自分もいつのまにか忘れていたんです。

思いだしたのは、すっかり大人になってからでした。

実家で母とお茶を飲んでいるさなか、たまたま当時の話題になったんです。

「それにしても、あんなに抱っこを拒否らなくても良かったじゃん。あのときは〝グレてやろうか〟って本気で考えたんだよ」

冗談めかして云うわたしに、母は「だって仕方ないじゃない」と口を尖らせました。

「あのころ、いつもあんたの首を〈血まみれでべちゃべちゃの動物〉が這いずってたの。それが気持ち悪くて、どうしても抱けなかったのよ」

真面目な顔で云うんだもの、そりゃ面食らいましたよ。だってウチの母、「霊感がどうした」「お化けがどうした」とか、その手の話は一度も口にしたことがないんですよ。

本人も困惑したんでしょうね。ずいぶん悩んだすえに、知人の伝手をたよって〈視える人〉のところへ相談に行ったそうですから。

オナカマ——ですか。いや、ちょっと名前は判りません。ごめんなさい。

ただ〈視える人〉は平凡な普通の主婦だったみたいです。なので、母もすこし拍子抜けしたらしいんですが——その人、

「お前の家族が動物を惨《むご》たらしく殺した。それが憑いている」

母を見るなり、そう断言したと云うんです。

「でも、心あたりなんか全然ないでしょう。お母さんも困っちゃってね。けど、そのうちあんたも抱っこをせがまない年齢になったもんだから、いままですっかり忘れてたのよ。まったく……霊能者の話を信じるだなんて、あのころは本当にどうかしてたわ」

母は笑って会話を終えようとしましたが——今度はわたしが叫んじゃって。

心あたり、あったんです。


当時、わたしたち一家は祖父母と暮らしていました。祖父は畑を営んでいて、父や母が

忙しいときは孫のわたしを自分の畑に連れていってくれたんですよ。

そんなわけで、その日もわたしは祖父の畑仕事を眺めていました。

と——なにげなく傍らに目を遣ったところ、土がむくむくぽこぽこ動いているんです。

「じいちゃん、土が変だよ」

そう知らせるなり、祖父は渋い顔で鍬を土に入れたんです。乱暴に掘りかえされた土のなかで、毛玉のような黒い生き物がぱたぱた暴れているのが見えました。

「モグラだ。根を齧《かじ》る」

こちらが問うより早く、祖父はぶっきらぼうにそう答えると、モグラを素手で捕まえて地面に置き、そこへ鍬の背を乗せて——潰し殺しました。

ホッピングの要領で両足を鍬に乗せると、体重を一気にかけたんです。

ぶちぶちぶちっ、となにかが千切れるような音や、空気が漏れるみたいな、きゅうう、きゅうう、という音を、いまでもはっきり憶えています。

絶句するわたしなどお構いなしに、祖父は「そこまでするか」と驚くほど何度も何度も丁寧にモグラを潰してから、血だらけのかたまりを畔《あぜ》に放り捨てました。

ええ、そうです。そういうことです。

その日を境に、母はわたしを拒むようになったんですよ。

＊＊＊

あの——実は、ちょっと訊きたいことがありまして。

それで怪談会が終わったあと、こっそりお声がけしたんですけど。

さっき、母がわたしを怖がらなくなったって云いましたよね。でも、それってわたしが意識的に近づかなくなっただけなんですよ。〈視える人〉も、母に憑いてるモノを教えてくれただけで、特にお祓いとかはしてないんですよね。

あ、判りにくいですかね。説明が上手じゃなくて、すいません。

ええと、つまり——。

モグラ、わたしの首に、まだ憑いていませんよね？

へびつき――(山形市)

おなじく、東沢地区の怪談会で聞いた譚になる。

同地区在住のE子さんが、半世紀ほど前に働いていた会社での出来事だという。


ある月曜、社長がオフィスへ顔を出すなり「いや、昨日は参ったよ」と口を開いた。

「山へ茸《きのこ》採りに行ったんだが、ホンシメジの上に蛇がとぐろを巻いててさ。〝邪魔だ〟と追っぱらうつもりで頭を叩いたら……反対に咬みつかれて、このザマだよ」

こちらへ突きだした右手は真っ赤に充血し、グローブよろしく腫れあがっている。

「ちょっと、大丈夫ですか。病院に行かないと死んじゃいますってば」

慌てふためくE子さんをよそに、当の社長は「そんなわけないだろ」と笑っている。

「咬まれたのは昨日だぞ、命にかかわるほどの猛毒ならとっくに死んでるよ」

自信満々に断言されて、彼女は黙るしかなかった。

そうだよね。社長は山に詳しいもの、大丈夫だよね。

しかし、大丈夫ではなかったのである。

翌日、社長は勤務中にいきなり昏倒して意識を失った。すぐに救急車を呼んだものの、病院へ運ばれたときにはすでに手遅れであったという。

逝去翌日、E子さんは社長宅で葬儀の支度を手伝っていた。

香典返しの選別や花の手配など、もろもろの雑事に追われるなか、

「ねえ、ちょっと」

社長の奥さんに声をかけられた。

「遺影……一緒に選んでもらえないかな。思い出が多くて、なかなか決められないの」

憔悴した顔で乞われては、断るわけにもいかない。彼女は促されるまま居間へと入り、卓袱台《ちゃぶだい》に山と積まれているアルバムを開いた。

学生時代のスナップ。社員旅行で撮った集合写真。海を背景に奥さんと笑っているのはハネムーンのひとコマだろうか。

E子さんも社長との日々が頭に浮かび、思わず目頭が熱くなってしまう。

駄目駄目、泣かずにちゃんと選ばなきゃ。

まなじりを指で拭い、再び写真と向きあった——その直後。

がたたん。

音に驚いて顔をあげると、奥さんが涙目で青ざめていた。足もとには、取り落としたとおぼしき額装の写真が転がっている。拾いあげてみれば、それは結婚式の写真だった。まだ若々しい社長が、紋付袴《もんつきはかま》で畏《かしこ》まっている。

ぎこちない笑顔。撫でつけられた髪。置き場に困った手は、腰の脇へ――。

「え」

右手が滲《にじ》んでいた。

濡れた指で墨書きを擦《こす》ったように、掌も指も長くぼやけていた。

「前に見たときは普通の写真だったのよ。ちゃんと手もあったのよ。ねえ、これって」

蛇に似てるよね。

奥さんがうわずった声で告げる。

その場は「たまたまですよ」と慰め、なんとか動揺を鎮めた。

しかし――。


がたんっ。

葬儀のさなか、E子さんは再び派手な音を耳にした。

今度はいったいなんだ――参列席から首を伸ばし前をうかがうと、焼香用の香炉が床に転がっている。焼香台の手前では、喪服の男性が震える指を前方に向けていた。指し示す方向を視線で追うなり「うそ」と声が漏れる。

祭壇の蝋燭が、ぐねんぐねんと曲がっていた。

葬儀前はまっすぐ伸びていたはずが、のたうつように波打っている。

と――異変に気づいて数名がざわつくなか、E子さんの背後で老人ふたりが囁いた。

「蛇が憑いだな」

「最近はとんと聞かねがったが、いまもあるんだな」

発言の意味が気になったものの、まさか席を離れて仔細を訊ねるわけにもいかない。「見送りのときに呼び止めよう」と決めて、E子さんは椅子に座りなおした。

けれども老人たちは焼香を済ませるや、閉式を待たずに帰ってしまった。

だから、あの会話の意味はいまだに判らないままである。

それから五十年余、彼女は一度も山に入っていない。

蛇もキノコも、すっかり苦手になってしまったという。

じぞうつき――（山形市）

人に憑くのは狐ばかりではない。

山形市滑川《なめかわ》の旧街道沿いに朴《ほおのき》地蔵尊の堂がある。傍らに大きなホオノキがあったため、その名がついたと伝えられている。

しかし、すでにホオノキはない。明治三十五年九月の暴風雨で倒れてしまったのである。折れた幹は佐藤嘉四郎なる人物が譲り受け、仏師に命じて弘法大師を彫らせたという。


時は過ぎて、明治四十五年。

大師像のお披露目を兼ねた開眼式が執りおこなわれる運びとなった。

すると――読経のさなか、列席していたひとりの老婆が突然身体を震わせ、

「我は朴地蔵なるぞおっ」

大声で叫ぶや、座ったまま跳躍しはじめたのである。

みなが見守る前で老婆はどんどん高く跳び、とうとう前にあった膳を越えて、ついには座敷の中央で跳ねまわった。

と、まもなく同席していた別の女性にも神が憑き、身体を震わせはじめた。取り憑かれて正気を失うふたりを見ながら、一同は「なんともめでたい」と、おおいに喜んだという。

犬不動——(鶴岡市)

不動明王がらみの譚を、寒河江《さがえ》市にある小学校の文集に見つけた。

生徒が綴った作文に若干の補足説明を加え、以下に紹介したい。


寒河江の慈恩寺《じおんじ》は東北随一の巨刹である。

約千三百年前に開かれた慈恩宗本山で、およそ東京ドーム十個分の広さを有する境内に三ヶ院十七坊をはじめ大小の堂が集まっている。

そのひとつ——本堂右脇の不動堂には、名前が示すとおり不動尊が祀られていた。

慈恩寺に座《おわ》す神仏のなかでもとりわけ人々の信仰が篤く、近所の住民は毎日のように飯や水菓子を供えていたという。

ところが、あるとき——この供物がいつのまにか消えるようになった。

一日ばかりではない。幾日となく飯をよそった器が、気づけば空になっているのだ。

寺や檀家が片づけるわけもないので、みなは「誰のしわざか」と、たいそう訝《いぶか》しんだ。

慈恩寺に暮らす者で、このような真似をする不届き者など見当がつかなかったのである。

「鳥が啄《ついば》んだにしては、米の一粒も残っていないのはおかしい」

「まさか、お不動様が本当に食べているということもないだろうが」

腹立たしくはあったけれど、犯人が判らないのではどうしようもない。

さしたる策も打てずに手をこまねいていた——その数日後。


不動堂の前で、一匹の野良犬が身体を切り刻まれて死んでいた。

ざぐざぐの屍体は、さながら鋭い刀剣で何度も刺されたかのようであったという。

「なるほど、こいつが飯を盗み食いしていたのか。それで不動様が怒ったのだな」

みなは無惨な死骸を眺めながら、おおいに納得したそうだ。


現在も不動堂は健在である。

ときおり、干菓子や花が供えられている。

蛇不動――(鶴岡市)

鶴岡市文下《ほうだし》にある五十嵐家の敷地に、一本の大欅《けやき》が生えている。立派な大樹の下には、かつて〈赤滝不動〉と呼ばれる石仏が鎮座ましましていた。赤滝不動の名は、かつて近くにあった赤滝堰《せき》に由来するという。赤滝のそばには昭和のはじめまで茶店もあり、たいそう繁盛していたそうだ。

その茶店の主人が、妙な体験をしている。

ある夜。店の座敷で眠りこけている主人の枕元に巨大な人影が立った。

「こんな刻限に誰だ」と薄目を開けてみれば、なんと見なれた赤滝不動尊ではないか。

思わず悲鳴をあげる主人に向かって、赤滝不動は、

「さわぐな、ねていろ」

恐ろしい顔をさらに歪ませ、そう告げた。

意味するところはまるで理解できなかったが、なにせ不動様の詞である。仰せのままに煎餅布団を被って震えるうち、主人はいつのまにか眠ってしまった。

翌朝——いつものように目を覚ましたが、当然ながら不動など何処にも居ない。

すると、昨日のあれは夢か。

それにしては、ずいぶん生々しかったが——。

首を傾げつつ暖簾をかけようと店に出た主人は、二度目の悲鳴をあげた。

店内が散々に荒らされていたのである。

どうやら夜中に賊が侵入し、金目の物を乱暴に探したものと思われた。

蹴倒された椅子や打ち破られた襖を見るかぎり、賊はかなり荒っぽい人間らしい。もし鉢合わせしていれば、とうてい無事では済まなかっただろう。

だから、不動様は寝ていろと云ったのか。

それ以来、主人は前にもまして赤滝不動を大切に敬ったそうである。

現在、茶屋があった場所には市の浄化センターが建っており、不動は地区内の洞雲院に移されている。


此処で終いになれば「どっとはらい」で済むのだが、残念ながら譚はまだ続く。

実はこの大欅、赤滝不動よりはるかに恐ろしい存在として知られているのだ。

この木のウロには〈耳のある白蛇〉が棲んでおり、その姿を見ると「目が潰れる」とも

「死ぬ」とも噂されていた。そのため五十嵐家では、屋根を葺く際には絶対に木のウロを見ないよう、細心の注意をはらっている。


　それでもときおり、怪しい出来事は起こってしまう。

　あるとき、隣家にかかるほど伸びている大枝を、五十嵐家の主人が鋸で切り落とした。すると、家のなかで遊んでいた長男坊がいきなり肩を脱臼したのである。とくだん乱暴な遊びをしていたわけではないのに、まるで断ち切られるように腕がはずれたのだという。

　ちなみにこのとき、坊の母親は十キロほど離れた湯野浜《ゆのはま》温泉へ湯治に赴いていた。けれども欅の枝を切った時刻、確かに家の方角から、どおうん、と巨大な音が響くのを聞いたそうである。

禍蛇——（県内全域）

先に述べた大欅以外にも、古木に棲む蛇の譚は枚挙に遑《いとま》がない。

たとえば村山市湯野沢の稲荷神社は、御堂に白蛇が棲んでいるとされた。

藤田彦作翁によれば、この白蛇を目にした者は心が清らかであれば非常な幸福を得るが、心の汚れた人間は二、三日中に死ぬのだという。

また、温海町《あつみまち》（現在の鶴岡市温海地区）浜中の龍川寺《りゅうせんじ》にも、蛇にちなんだ譚がある。あるとき、寺の境内に生えている老欅が枯れかけていたため、木挽《こび》きに頼んで伐採してもらうことになった。ところが、何度も斧を入れてようやく老木が傾いだ直後、木挽きもばったり地面に倒れ、そのまま死んでしまったのである。

のちに調べたところ大樹の根元には洞があり、そこに老蛇《ナガモノ》が棲んでいた。人々は「蛇の祟りで木挽きは死んだのだな」と、噂したそうだ。

鶴岡市水沢の熊野神社にある天然記念物〈石山の大杉〉も、白蛇が棲むとの譚が残っている。この蛇をうかつに見れば火難水難に見舞われ、悪病が流行すると畏れられた。

一説によれば、この大杉には夫婦の白蛇が生息していたのだという。

しかし、あるとき心ない者が雌蛇を捕まえて嬲《なぶ》り殺し、切り刻んだすえ近くの八沢川へ棄ててしまった。そのため雄蛇が人間を怨み、人間に災いを齎《もたら》すのだといわれている。

地元には「刻まれた雌蛇の死骸を食べて猫が狂い死んだ」との逸話もある。


さて——私は昨秋、鶴岡市に住む佐藤某《なにがし》なる人物から興味深い体験を聞いた。

「石山の大杉で、白蛇らしきモノを見た」と云うのである。

その日、佐藤氏は親戚宅の祝宴に招かれ、ほろ酔いで自宅へ帰っていたのだという。

夕空の下を千鳥足で歩いていると、丘の上になにやら朱いものが見える。

目を凝らすうち、それが鳥居であると気づいた。よく見れば、眼前の路傍から鳥居まで苔むした参道が延々と続いている。どうやら、この先の山肌には神社があるらしい。

いつもは参拝など興味もないのだが、この日は酒の所為か妙に惹かれるものがあった。

どれ、神様にお祝いをお裾分けしてやっか。

ふらつきながら石段をのぼっていくと、まもなく瓦葺《かわらぶ》きの社殿が見えた。

その背後に、見たこともないほどの大樹が聳《そび》えている。

岩でも埋めたかのように隆起している太い幹、それだけで木板が作れそうなほど分厚い樹皮。はるか上にあるはずの梢《こずえ》は、暮れなずむ空の闇に溶けて見えない。

あまりの壮観さに、氏は呆然としながら大樹を見あげていた。

と、その視線が幹の半ばで止まった。

「……なんだ、あれ」

白い紐状の物体が、螺旋を描くように幹へ絡みついている。

紐の太さはビール瓶ほどもあるだろうか。一見したかぎりは注連縄のようでもあるが、あれほど高い位置に人力で縄を掛けられるとは、とうてい思えない。

正体が知りたくなって、思わず足を一歩踏みだす。

その刹那、紐が、ずっずっずずずず、と蠢《うごめ》いた。

一気に酔いが醒める。

なんだ、あれは。まさか生き物なのか。いや、でも、そんな馬鹿な。

混乱する思考のなか、氏は数年前に親戚から聞いた謂れを思いだした。

熊野様の大杉には蛇が棲んでいて、その姿を見ると災難や悪病に見舞われる——。

では、あの白い紐は蛇だというのか。さすがに信じられなかった。大杉の幹周はゆうに十メートルを下らない。それほど太い幹に絡みつける蛇などいるだろうか。

待てよ。もし、あれが本当に厄災を齎す蛇だとすれば。あんなに巨大ということは。

どれだけの禍《わざわい》が起きるのだろうか。

その禍は自分だけに降りかかるのか。それとも。

氏が身をこわばらせるなか、白蛇は杉皮をはらはらと散らしながら、梢の先へと消えていった。しばらく見守っていたものの、姿を見せることは二度となかったという。

ひとくさり語り終えると、氏は一拍置いてから、静かに漏らした。

「それを見だのが、二〇一九年の秋でしての。ださげ、翌年に新型コロナが流行っても、私はあまり驚がねがったんです」

河童譚――(置賜地方)

年におよそ二、三名の割合で「河童《かっぱ》を見たことがある」人物と出会う。話者は老若男女さまざまで、遭遇した時期も昭和から令和までと幅広い。ただひとつ共通しているのは、全員が県内在住という点だろうか。

なるほど、たしかに山形は河童の伝承や史跡が少なくない。

たとえば庄内町の荒鍋《あらなべ》内川農村公園には、二体の河童像がある。これは〈河童おじさん〉を自称する地元の男性が、夢で荒鍋に棲む平吉河童から「自像を建ててほしい」と頼まれて設置したものである。その後平吉は再び河童おじさんの夢にあらわれ「ひとりで寂しい。嫁がほしい」と乞うたため、おじさんは遠野から成子という河童を嫁にもらっている。

高畠町の駅前にも河童像が四体置かれている。

こちらは置賜《おきたま》地方を流れる松川(最上川上流の旧い名称)に棲んでいた河太郎で、馬を水中へ引きずりこもうとしたあげく村人に捕まり、反省のしるしに秘伝の膏薬と詫び状を渡したとの伝説が残っている。河太郎像の脇に座っているのは、やはり遠野から嫁に来たツネコ河童と夫妻の子である。

ちなみにこの河太郎、米沢市の梓川《あずさがわ》に暮らしていたおりも、庄屋の娘を孕《はら》ませたすえ、高僧に呪文で懲らしめられている。ずいぶんと悪戯《いたずら》を好む質《たち》であったようだ。

ところが、米沢藩の蘭方医・長沼牛翁の随筆『牛涎集《うしのよだれ》』に記されている松川の河童は、われわれの知るそれとはずいぶん容貌が異なっている。牛翁いわく「松川の河童は小蛇に似て、頭は四方錐《よほうぎり》のような形をしており、嘴《くちばし》がある」のだという。

禍々しいのは、姿形だけではないらしい。

あるとき、五、六人の童が松川で水遊びをしていた。

すると、ひとりの子供がげたげたと笑いながら深みへどんどん沈んでいくではないか。

大人たちは驚いて引っぱりあげようと試みたが、子供は助からなかった。

これは松川河童の仕業で、六月二十六日に水へ入る者を殺して喰うのだとされた。

地誌書『米沢里人談』には、加世飛《かせとび》という河童に似た化け物の記録が載っている。

加世飛は享保八年八月十日に姿をあらわし、子供たち二、三人を喰い殺したと記されている。捕らえられたその姿は狐に似ており、足には水掻きがあって水のなかを自由自在に動いたという。また、人を見れば即座に災いをなすとも書かれている。

喰い殺すとまではいかずとも、相貌の恐ろしい河童も居る。

明治のころ、ひとりの老人が成合淵《なりあいぶち》（現在の最上町大堀）で岩魚《いわな》を釣りあげた。老人はさっそく火を焚き、岩魚を串焼きにしながら再び釣り糸を垂らしていた。

と――ふいに背後で物音がした。

振りかえると、三尺たらずの猿に似た小童が焚き火のそばに立ち、岩魚の串刺しを手に逃げようとしているではないか。

老人が怒鳴るなり、猿のような小僧は岩魚を川に放り投げてしまった。とたん、焼いたはずの魚が身をよじらせ、ひらひらと泳ぎだした。猿小僧も魚のあとを追うように水へ飛びこみ、たちまち沈んでしまった。

老人は「これが河童《カワワラス》か」と気味が悪くなり、早々に家へ戻ったという。河童は十歳くらいで顔も身体も赤く、ドングリのような目とざんぎり髪であったそうだ。よく聞く河童と違って、つむじに水皿らしきものはなかったという。

最後に令和の河童譚を記して終わろう。

米沢市に住む、Ｙさんという女性から聞いた出来事である。

一昨年の八月、彼女は松川の河川敷でキャンプに興じていた。

不要不急の外出自粛が叫ばれていた時期とあって、遠くへ出かけるわけにもいかない。そこでYさん、当時注目を集めていたソロキャンプに挑戦してみたのだという。

上流を選んだおかげで、ほかのキャンパーは見あたらない。河原を独りじめできるのは嬉しかったが、寒さだけは誤算だった。夏とはいえ川から吹く夜風は予想以上に冷たく、おかげで冷え性の彼女は、焚き火の前から動けなくなってしまったのである。

炎の明るさに慣れた所為で、火から目を逸らすと闇がいっそう濃く見える。さっきまで贅沢だと喜んでいた空間が、なんだかひどく寂しい処に思えてならなかった。

次は友だちを誘おうかな。

そんなことを思いつつ、焚き火に手をかざしていると――炎が激しく左右に動いた。空気が揺らいでいる。まさか、誰か近くに居るのか。

ぞくりとして思わず顔をあげた、その視線の先に。

一匹の猿が立っていた。

猿は小学生ほどの背丈で、全身の毛がみっしょり湿っている。

ニホンザルのように見えたものの、確信は持てなかった。

容姿がおかしいのである。顔がずれていると云うのか、目鼻が歪んでいると云うべきか、とにかく輪郭が定まっていないのである。
いずれにせよ相手は野生動物、観光地で人が襲われたニュースを目にした憶えもある。
このままでは不味い。ひとまず追い払わなくては。
Yさんは薪を投げつけるつもりで、静かに焚き火へ手を伸ばした。
と、危険を察したのか猿が真横へ跳ね——その拍子に、顔の皮が肩口までずり落ちた。
猿ではなかった。人でもなかった。
緩く尖った頭。銀色に鈍く光る目。孔だけ空いた鼻。上唇が異様に長い唇。
皺ひとつない顔面は、べたべたと赤く濡れている。
あ、判った。
〈なにか〉が猿の生皮を被っているんだ。
Yさんが絶句するなか、赤い〈なにか〉が横歩きで遠ざかっていく。
まもなく、大きな水音が川のあたりから聞こえ——あたりは静かになった。
逃げるなら、いましかない。次に遭ったら本当に不味い。
彼女は急いで焚き火を踏み消すと、道具を掻きあつめて車に飛び乗り、市内へ戻った。
慌てた所為でテントの支柱が曲がってしまったものの、後悔はしていないそうである。

つげと――（寒河江市）

「家に死人が出た」と菩提寺へ知らせる役の者を、山形では〈つげと〉と呼ぶ。

携帯電話などない時代は、直接伝えに赴くほうが早かったのだろう。たいていは遺族や近所の者が寺へ走るわけだが、なかには当人が教えに来る場合もあったようだ。

寒河江市西根にある寺の住職が、老人クラブの会報に自身の出来事を記している。


師走のある夜。

住職が隣家で風呂を借りて寺へ帰ると、書斎の畳に水たまりができていた。

こんもり盛りあがった水は薄黒く汚れており、光を鈍く反射するさまは、さながら蛇が蟠《わだかま》っているようでなんとも気味が悪い。留守居を任せていた婆やに「部屋へ入ったか」と問うたが「知らぬ」との答えだった。

ならば、あの水はいったい――不思議に思いつつ雑巾を手に部屋へ戻ると、水たまりは跡形もなくなっていた。呆然とするうち、まもなく檀家の者がやってきて、

「さっき、下河原の●●さんがとうとう亡ぐなってなれ《しまって》」

寂しそうに告げた。

それを聞いて、ようやく「あれは〈つげと〉であったか」と気がついた。


年が明けてしばらく経った、雪の夜。

住職は、本堂から聞こえる奇妙な音で目を覚ました。

寄りかかった袖が障子《しょうじ》に触れるような、さら、さら、と弱々しい響きである。

耳をそばだてるなか、音は誰かを探すように台所へ移動し、がたんっ、とひと鳴りしてから――柱時計が十時の鐘を打ったのを合図に、すっかりと静まった。

翌日、この話を婆やに聞かせたところ、

「昨夜、自分は知りあい宅に寄ったのだが、その家に住む寝たきりの老女が〝いま、寺サ〈つげと〉に行ったけど、みんな寝っださげ戻ってきたのす〟と言ってあったな」

そのように教えてくれた。

婆やが老女と話したのは、まさしくあの音を聞いた刻限であったという。

桜も間近のころ、今度は鼠《ねずみ》が障子を齧るような音を聞いた。

音は隣室から届いており、「しっ、しっ」と畳を手で叩いてみたものの止む気配はない。

仕方なく布団を出て隣の部屋へ行くと、障子も壁も柱にも齧られた様子はなかった。

首を傾げながら寝床に潜りなおす——矢先、電話がはげしく鳴った。

連絡をよこしたのは馴染みの檀家で、

「■■の婆さんが亡ぐなってなれ。明日にも枕経をお願いする」

この〈つげと〉も、やはり下河原の人であった。


さらに翌年の春。

朝の勤行に励んでいたところ、庫裡《くり》と本堂を隔てるガラス戸の前に人影が見えた。

こんな早い時間に誰だろう。玄関へ近づいてみたが、影は顔のあたりがぼおっと滲んでおり、いまいち人相が明瞭りしない。

と、目を凝らす住職の前でふいに人影が動き——。

いつのまにか真後ろに立っていた。

驚いて振りむくなり、影は本尊の前に移動して、ずう、と消えた。

背筋を寒くしながらも読経をなんとか終え、庫裡前の参道を箒で掃いていると、檀家のひとりが正門をのぼってきた。

「隣の□□さんが死んでなれ。朝起きたときはなんとも無がったのに〝飯が出来だぞ〟と呼ばりに行ったら、ぼおっとした顔で死んでだんけど」


その後、ゆえあって住職は寺を移っている。

数年はなにごとも起こらなかった。しかし。

ある朧月の夜。住職が庭で佇んでいると、本堂の玄関前に〈黒いもの〉が居た。

はじめ、住職は「犬だな」と思ったらしい。身の丈二尺ほどの〈それ〉が、四本の足を地面に伸ばしていたからである。

けれども——よく見てみれば、そうではなかった。

〈黒いもの〉は宙に浮いていた。

地につかぬ手足が、ぶらぶらと垂れ下がっていた。

思わず住職が近づくなり、黒い影は凄まじい速さで、ひょう、ひょう、と隣家の石垣に飛び移るや、さらに隣の家の板塀へぶちあたるようにして消えた。しばらく待ったものの影は二度と姿を見せず、暗闇に朧月《おぼろづき》が浮かぶばかりであったという。

翌朝、「村の若い船員が死んだ」との報せが届いた。

結核でやむなく船を降りて帰郷し、療養中の青年であったそうだ。

これも〈つげと〉の類なのだろうか。

ひかりもの――（県内全域）

死者が告げる手段は、音ばかりではない。

地域によっては「人魂になって飛ぶ」とされ、これを〈ひかりもの〉と呼んだ。

西川町大井沢では「ひかりものは軽い金属音を立てながら飛ぶ」との言い伝えがある。

男は赤く光り、女は青白く発光するのだという。

昭和四十一年の秋、朝日岳で遭難者が出た。このとき、遺体が見つかるまでの数日間、村を〈ひかりもの〉が飛び歩いたという。怪火は多くの村人に目撃されたが、残念ながら色についての記載はない。赤かったのだろうか、青かったのだろうか。

最上町の柴崎という家では、大正のはじめにこんな出来事が起きている。

ある日暮れ、いつものように夕餉の炉端を囲んでいると、おもてへ遊びに出ていた子が半戸（丈の低い戸）から駆けこんできた。

「おっかね《怖い》ちゃ《よ》、ひかりものが俺ば追《ぼ》かげてくる」

けれども家族はまともに取りあわず「おかしな冗談を云う子だ」と笑っていた。

その、さなか。

ばさん。ばさん。

妙な音に気づいて、家族はいっせいに戸口へ視線を向けた。

握り拳ほどもある、あざやかに黄色い火の玉が破れ障子にぶつかっている。

そのたび、箒で打つような音が、ばさん、ばさん、と響いている。

全員が唖然とするなか、火の玉はひときわ大きな音を立てて、そのまま消えた。

家族が「不思議だちゃ」「不思議だちゃ」と騒いでいると、山ひとつ先の村に住む男が、いきなり家を訪ねてきた。

「婆が目ェ落としたぞ」

この家から何十年も前に隣村へ嫁《か》していった婆様が、卒中で倒れて死んだというのだ。

男は〈つげと〉で、婆が亡くなったのはまさしく火の玉が出た時刻であったという。

誰かが「帰ってきたのだな」と云った。

そのあとはもう、誰も「不思議だ」とは口にしなかった。

オナカマ——（真室川町）

山形の郷土史や民俗資料を読んでいると「オナカマに訊いたら」「ワカのもとを訪ねたところ」「ミコへ相談した結果」などの文言が頻繁に登場する。

オナカマ、ワカ、ミコ。いずれも、自身を寄坐《よりまし》にして死者の詞《ことば》や神の聲《こえ》を伝える盲目のシャーマン〈口寄せ巫女〉の呼称である。それぞれ、県の内陸部ではオナカマ、県南部ではワカ、日本海に面した庄内地方ではミコと大別される。

かつては全国各地に口寄せ巫女が居り、けっして特異な存在ではなかった。座興として降霊をおこなったり、悩みごとを託宣で解決する役割を担っていたのである。

しかし、時代が明治に改まると、国家神道を推し進めたい政府は民間の宗教者を排斥。明治六年には「人民を眩惑する」と口寄せを禁じ、厳しい罰則を設けた。他界の存在と語らう〈日常〉は〈非日常〉となり、都市部の口寄せ巫女は姿を消していったのである。

いっぽう東北では、青森県南部地方のイタコをはじめ、津軽地方のカミサマ、岩手県のオガミサマなど、地域ごとに口寄せ巫女が〈日常〉として生き残った。

むろん山形でも、口寄せ巫女は生活に寄り添う身近な職種であった。

失せ物、娘の縁談、体調不良、新たに開く店の方角――悩みのたびに人々はオナカマやワカやミコを訪ね、先祖の訴えや神のお告げを聞いた。なかには「ミサキカラス(夜中に不気味な声で鳴く鴉《からす》)を聞いたが大丈夫か」との理由で相談に訪れる者までいたようだ。鎮守様を降ろして来年の運勢を聞き、託宣を回覧板でまわしていた集落もある。

では、口寄せ巫女と相談者は具体的にどのような遣りとりをしていたのだろうか。日本民俗学会の会誌に載った男性の証言を、以下に略載したい。

昭和五十三年、真室川町での譚だという。

あるとき、彼の長男に異変が起こった。

毎朝きっかり八時に「胸が苦しい、胸が苦しい」と訴えるのである。ほうぼうの病院で診てもらったが、異常は何処にも見あたらず、原因もまるで判らない。

知人から「オナカマに行ってみれば」と助言されていたものの、男性はあまり気乗りがしなかった。本人の弁によれば「幼少時からオナカマを卑しい職業と思っていた」のだという。身近であった反面、口寄せ巫女は蔑視されることも珍しくなかったようである。

けれども長男はいっかな回復せず、どんどん体調が悪化していく。万策尽きた男性は、藁にもすがる思いで同町に住むオナカマのもとを訪ねることにしたのであった。

オナカマは、白濁した目の老女だった。

男性の相談をひとくさり聞き終えるなり、老女はおもむろに梓弓《あずさゆみ》を鳴らすと、獣の骨がついた数珠《イラタカ》を掌で擦りながら、なにごとかを口のなかで唱えはじめた。

と、それが三十分も続いたころ——唐突にオナカマが、

「気の毒だあ」

先刻までとまったく違う声音で呟いた。

「妾《わたし》は、お前の本家筋サ居だ女だ。子供を産んで死んだが、そのため血の池にうずまっておる。飯時《めしどき》になると血の量が増して溺れるので、なンも食べられねえのだ」

そのような身の上を、盲目の老婆は切々と訴えた。

たしかに男性自身「本家で、お産のおりに死んだ女性がいる」とは聞いていた。だが、その手の悲劇は他所でも聞く話である。この詞だけで信じる気になどなれない。

疑念が拭えぬまま耳を傾けるなか、オナカマがさらに言葉を続けた。

「妾が死ぬとき〝嫁ぎ先から持参したものは甥っ子サやってけろ〟と云い遺した。なのに兄嫁ァ形見分けに他所の者サ配ってしまった。それが心残りだ。妾を気の毒に思うなら、人形と赤い靴を買って山寺の立石寺サ納めでけろ」

一方的な頼みごとに、男性は思わず反論する。

自分の家は分家であり、本家とは法事で顔をあわせる程度の交流しかない。もし窮状を訴えたいなら本家の者に憑くべきではないのか。なぜ我が家が災難を被《こうむ》るのだ――。

と、声を荒らげる彼を、オナカマが視えないはずの目で睨んだ。

「気づいてもらおうと本家の者を梁から落としてみたり、火傷を負わせたり、交通事故に遭わせてみた。けれども誰ひとり気づかねけ、仕方ねぐお前の家サ立ち寄ったンだ」

壮絶な告白に驚愕した男性は、すぐさま本家を訪ねてオナカマの詞を伝える。

直後、その場の全員が青ざめた。

すべて当たっていると云うのだ。

お産で死んだ女性の兄にあたる人物は、数週間前に梁から落ちて大怪我を負っていた。

また、女性の遺骨を預かっている息子もひどい火傷に見舞われていた。

加えて、その息子――つまり女性の孫も交通事故に遭っていた。見通しが良い道路にもかかわらず、まるでなにかに操られるかのように事故を起こしたのだという。

なにか――それは、つまり。

本家では、すぐさま玩具を買って立石寺へ奉納した。
すると翌日、長男の痛みは嘘のように消えたのである。

水で三人――（鶴岡市）

庄内地方では巫業に就く女性をミコやミコサンと称した。彼女たちもオナカマやワカと同様、口寄せで死人の声を告げ、託宣によって神の詞を伝えた。

昭和四十年九月の山形新聞に「ミコの仕事を手伝っていた」という七十代女性の記事が載っている。こちらは、先述したオナカマの譚よりも――すこしばかり怖い。

鶴岡市本町に住む吉田岩為《いわな》媼《おうな》は〈ホトケノクチ〉が巧いと評判のミコであったという。ホトケノクチとは死者を憑依させる行為、俗にいうホトケオロシである。

先ず、祭壇へ置かれた湯呑みに玉椿の枝を挿し、そこに水を注いで枝で掻きまぜながら祈祷をおこなう。それがひととおり終わると、今度は祭壇前の机を数珠で何度もごんごんごつごつと何度も叩く。十五分から三十分繰りかえすうち、亡霊が出てくるのである。

くだんの七十代女性は、身の世話をするため頻繁に岩為媼の家を訪れており、ホトケノクチにも何度か同席していたのだという。彼女によればホトケノクチは世間が抱くようなおどろおどろしい印象ではなく、哀しくも和やかな「死者との語らい」であったようだ。

たった一件を除いて。

ある日、農家の女性が「死んだ亭主《タカエボシ》に訊ねたいことがある」と岩為媼を訪ねてきた。

さっそく媼がホトケノクチの支度をはじめる。湯呑みを混ぜての祈祷、数珠による殴打。いつもどおりであれば、この後まもなく農婦の夫が憑くはずだった。

ところが。

「殺してやっからな」

女の掠れ声が、唐突に老ミコの口から溢れた。

あきらかに降霊させるはずの亡夫の声音ではないが、かといって聞きなれた媼の声ともまるで違う。驚いて祭壇前のミコを見るなり、女性は絶句した。

いつもは童女より柔和な顔の媼が、表情を険しくさせている。重力へ逆らうかのように皺《しわ》が吊りあがり、唇からこぼれんばかりに歯が突きでている。

鬼のような貌《かお》で、岩為媼は言葉を続けた。

「子供達《だ》は、みんな水で殺してやっから。三人とも殺してやっからな」

あまりにも物騒な詞に、その場が騒然となった。

なにかの冗談ではないのか。戸惑いながらも、ひとまず女性は農婦に訊ねた。

「ええと……ミコは〝三人〟と云ってあっけど……子供の数は何人だや」

「当たってます。三人です」

農婦は青い顔で答えた。

「でも……殺されるような心当たりァ無いんだべ」

さらなる問いに、農婦は一瞬だけ口籠もってから、

「あります」

震えながら答えた。


農婦の父は、数年前に後妻を娶《めと》っていた。

ところが父が急死したのち、遺された家族は「もはや他人だ、なにも譲る気はない」と後妻を無一文で追いだしてしまったのだという。

後妻は泣く泣く生家に戻ったが、冷たい仕打ちがよほど悔しかったと見えて、まもなく我が身を嘆いて古井戸に身を投げ、水浸《びた》しで溺れ死んだ。

そして――後妻の訃報からまもなく、農婦の家でも人がざくざくと死にはじめた。

先ず、大雨の日にずぶ濡れで帰ってきた長男が重い肺炎を患い、呼吸もままならぬまま、溺れるように死んだ。傘を持って出かけたはずが、なぜあれほど濡れていたのか。理由は

誰も判らなかった。

悲しむまもなく、今度は長男の葬儀から数日後に、長女が死亡する。踝《くるぶし》が浸かる程度の小川で流され、水死したのである。

立て続けに我が子ふたりを喪い、農婦は恐ろしくなった。

子供たちの死因が、どうしても井戸へ身を投じた後妻の死にざまと重なってしまう。このままでは、残る三人めの子も死ぬのではないか。

そして、自分も家族も全員殺されてしまうのではないか。

そんな不安を拭いきれず、農婦は「亡き夫の声を聞きたい」という名目でミコを訪ねてきたのである。そして、不幸にも不安は的中していたのである。

記事はそこで結ばれているため、農夫と彼女の子がどうなったのかは判らない。

ミコが解決策を提示したような記述は見あたらなかったが――。

ころりのこ――（酒田市）

昭和のはじめ、酒田市飽海《あくみ》の某家で奇妙な騒動が起こっている。

その日、大人たちはいつものように田畑へ出かけていた。うららかな田舎の春、いつもと変わらぬ一日になる――そのはずだった。ところが、夕方に畑仕事を終えて帰宅すると、留守番の子供たちが肩を寄せあい泣いているではないか。なにごとかと訊ねる両親に、我が子らは涙目で答えた。

化け物が出た――。

数刻前の昼下がり、子供たちは縁側でなかよく遊んでいたのだという。と、縁の下から〈なにか〉が音も立てずに、のろりのろりと姿を見せた。あらわれたのは、異様な風体の童児だった。ざんばらの髪を振りみだし、全身が泥とも血膿ともつかぬ液体にまみれている。むろん、村では見たことのない顔である。

童児は、怯える子供たちをわけのわからぬ言葉で怒鳴りつけると、再び縁の下に消えていった。

それから大人が帰ってくるまでのあいだ、みなは震えていたのだという。

不気味な噂はたちまち村じゅうを駆け巡ったが、多くの者は半信半疑であったようだ。

しょせん子供のこと、獣を見間違えでもしたに違いない――そのように思ったのである。

しかし、村の老人だけは噂を聞くなり「もしや」と顔の色を失った。

「その児は〝ころり〟かもしれない」と云うのだ。

老人いわく、此処では明治はじめに虎列刺《コロリ》という病が流行し、多くの者が死んだのだという。感染対策の知識が乏しい時代のこと、村では「封じる」ほかに手を持たなかった。

患者が出ると、その家のまわりを縄で囲い、いっさいの交流を絶ったのである。

然るにくだんの家でも患者が出て、家族の何名かは死んだような憶えがある。

けれども、葬式を出したという話はついぞ聞かなかった。感染を恐れて誰も近づこうとしないのだから、葬式が出せるはずもないのだが――では、死体はどうなったのか。

もしかして、止むを得ず縁の下にでも埋めたのではないか。

奇妙な童は、埋められた処から這いでてきたのではないか。

老人の生々しい推察に、人々は震え慄いたそうだ。

右記は、郷土史家の伊藤安記《やすのり》氏が幼い時分に聞いたものであるという。もっとも、氏は村の大人と同様「さすがに風聞の類ではないか」と疑っていたらしい。

「いくら旧幕時代でも明治の初めでも、政治がある。役人がいて万事手を回してくれるはずだ。どうも不可解だ、不可解だと私は心の中で何度も反問していた」

『酒田・飽海の珍談奇談』

ところが——それから数十年後、氏は八十歳になる老女を取材したおり「その家ならば知っております」と、こんな思い出を聞かされた。

「私の父が若い時分、用があって一軒の家に立ち寄ったことがあったそうです。すると、留守のはずの家から悲鳴と唸り声が聞こえてきたというのです。なかを覗けば、村で見たことのない童児が〃おう、おう〃と唸っている。その叫ぶさまがあまりに恐ろしく、父は戸にも触れず逃げ帰ってしまったとか。その後も何度となくその家を訪ねたけれど、あの子供は二度と見なかった……父はそのように云っておりました。八十歳になる今日まで、誰にも語ることのなかった譚です」

伊藤氏は「老婆の口から語り出された言葉が冷たく私の背筋を流れた」と綴っている。

コロリとは、十九世紀に猛威をふるった感染症・コレラの異名である。

山形県では明治十二年にコレラが大流行した。発生源は酒田市の飛島《とびしま》で、まもなく飽海一帯に蔓延している。罹患者は飽海郡だけで四百二十人、死者は二百七十三人に達したとされ、秋田県の申し出により県境の行き来を遮断する措置も取られた。

ならば異貌の童は、やはりコレラの犠牲者だったのだろうか。

童児が発した「わけのわからぬ言葉」とは、もしや悲壮な訴えだったのだろうか。

これらのばば――(米沢市)

明治十二年に大流行したコレラは、県南の米沢市にも甚大な被害をもたらした。八月に山あいの白布《しらぶ》温泉で感染者が見つかると、たちまち大樽川を経由して下流の小野川温泉や赤芝町に流行が拡大、そこから市内へ瞬く間に蔓延したのである。

『米沢市史』によると、米沢の人々は〈病追い《やまいぼ》〉なる風習に倣い、巨大な藁人形へ鉄砲を撃ちこむ〈コロリ追い〉をおこなったという。もちろんそれで疫病が収まるはずもなく、最終的には米沢全体で数百名の死者が発生している。

コレラで亡くなった者は棺桶すら作ってもらえず、そのため死体は味噌桶へ詰められ、夜中に橋の下や郊外の野原へ埋葬された。同市六郷の山まで運ばれた死体は裸に剥かれて、山頂の大穴へひとまとめに放りこまれたとの記録も残っている。

コレラ流行から数年後の譚である。

関という老人が死体を埋めた跡地に小屋を建て、近くの堤で鯉《こい》を育てていた。米沢市は上杉鷹山《ようざん》が養殖を推奨してこのかた鯉が名産で、食用に育てる者も多かったのである。

ある日の夕刻――鯉の世話を終え、関の爺様は村までの道を歩いていた。
気づくと、ひとりの婆様がいつのまにか近くに立っている。
村では見たことのない老婆だった。
「はて、どこの婆であった《だったか》」
そう訊ねる爺に、老婆は「米沢だ」と云った。
村の者ではなく、城下の人間だ――と答えたのである。
「米沢なて、いまころの時間に御苦労なごんた」
大儀を労いつつ、関の爺様は老婆とならぶように再び歩きはじめた。
と――まもなく村へ入る曲がり坂に差しかかったあたりで。
ふう、と老婆が見えなくなった。
拓《ひら》けた坂道である。隠れる場所など何処にもない。
爺様はしばし呆然としてから――勘づいた。
嗚呼、そうか。あの婆様は小屋の下に埋まっているのか。
そうだよな、あのころは酷かったものな。
あんなもの、弔ったうちに入らねえよな。
爺様は寺に寄って、いましがたの出来事を話すと経をあげてもらい、卒塔婆を立てた。

老婆が出ることは二度となかったという。

米沢市赤芝町の羽黒神社には〈虎列刺菩薩〉と刻まれた石碑が立っている。名前のとおりコレラ終息を願ったもので、観音菩薩を表わす梵字《ぼんじ》とともに、「明治十二年八月三日 村中安全」の文字が彫られている。

せきりのがが——(庄内町)

余目町《あまるめまち》(現在の庄内町余目地区)の西袋《にしぶくろ》では、明治なかごろに赤痢《せきり》が流行した。

その死者数たるやすさまじく、米の積みおろしをする船着場を臨時の火葬場に設えて、朝から晩まで野焼きをおこなうほどであったという。

そのころの譚が、西袋の郷土史に載っている。


あるとき、某家の嬶《がが》が亡くなった。

朝は隣家の者と笑って語らうほど元気であったのに、あれよあれよと具合が悪くなり、夜には死んでしまったのである。

急な事態に狼狽しつつも家族はひとまず野焼きを済ませ、嬶を荼毘《だび》に付した。

すると、その晩。

がかかか、がかかかかかか——茶の間の仏壇が揺れた。

地震でも、強風でもない。

家の者は「鼠だろうか」と観音開きの戸を開けてみた。しかし、入っているのは古びた位牌のみで、あとはぽかんとした暗闇が広がっているばかりである。

仕方なく、その日は「なにかの聞き間違いだろう」ということで済ませた。

だが、仏壇は次の晩もその次の晩も揺れた。蝶番《ちょうつがい》が軋むほど鳴り、止め螺子《ねじ》が緩むほど震えている。此処までくると、さすがに空耳では片づけられない。

もしやこれは、嬶がなにか訴えているのではないか――でも、なにを。

ほとほと困りはてた家族は菩提寺を訪ね、和尚にすべてを打ち明けた。

すると和尚はしばらく腕組みをしてから、

「あの世へ持たせてやるはずが、忘れたものはないかね」

その詞を聞いて、はっとした。

嬶は身だしなみに気を遣う質で、いつも懐に櫛《くし》をしまい、髪には櫛の目がとおっている人だった。けれども茶毘に伏すおり、その櫛をうっかり入れ忘れていたのだ。

さっそく家族は櫛を嬶の墓に納め、経をあげてもらった。

するとその晩を境に、いっさい仏壇は鳴らなくなったそうである。

西袋では、大正時代にも似たような出来事が起こっている。

某家の婆が死んだおり、遺族が笈摺《おいずり》(巡礼者が着る単《ひとえ》)を棺桶に入れ忘れてしまった。

すると――。

死んだ姿が笈摺を取りに、毎晩毎晩訪ねてきたという。

隧道の老人――(上山市)

滝不動から山道を十分ほど進んだ先に、山元隧道《ずいどう》という旧いトンネルがある。

昭和二十六年竣工の手彫りトンネルは、車がようやくすれ違えるほどの幅で、おまけにいっさいの照明がない。そんな閉塞感ゆえか「滝不動より怖い」と震える者は多い。なかには「滝不動にまつわる噂の大半が、実は山元隧道の譚だ」と断言する地元民も居る。

実は、その詞を証明するような事件が起きている。

山形市の繊維卸社に務める男性が、平成六年六月に体験した出来事だという。


ある日の午後――彼は助手席に先輩社員を乗せて、社用車で山道を走っていた。

なにげなく前へ視線を遣ると、やけに昏《くら》いトンネルが見えた。森を暗幕で覆ったように黒々とした空間が、木々のあいだに口を開けている。

不気味さに思わずアクセルを緩める。先輩が減速に気づき「山元隧道だよ」と笑った。

「ここ、幽霊が出るらしいぞ」

冗談か本気か判らない発言だが、あらわれてもおかしくない雰囲気ではある。

とはいえ、時計を見ればまだ午後三時である。これほど陽が高いとあっては、さすがに幽霊を怖がって引き返すわけにもいかない。

「お化けより、むしろ対向車が怖いですよ」

先輩へ軽口を叩いているうち、車が隧道に入った。視界が一瞬で暗闇に包まれ、言葉が続かなくなる。先輩もじっと口を噤《つぐ》んだまま、なにも喋ろうとしない。

無言のままで一分ほど走っているうち、ようやく出口が近づいてきた。車内の重苦しい空気が緩むと同時に、車が隧道を抜ける。

予想以上に気持ち悪かったな——男性が安堵の息を吐いた、次の瞬間。

目の前の路肩に人影が見えた。

男か女か判然としない、異様なほど背のちいさな老人だった。

ざざあっと鳥肌が走る。反射的にブレーキを踏み、慌ててバックミラーを確認した。

「……あれ」

路肩には誰もおらず、隧道のなかにも人影は見あたらない。

気の所為——か。

不気味な話を聞かされたうえに突然眩しくなったもので、草木を見間違えたのだろう。

まったく、どれだけ臆病なんだ。おのれに苦笑しながら前方を見る。

ボンネットにさっきの老人がにこにこ立っていた。

「うわあぁッ」

叫んだ直後、影は車体の下へ滑るように消えていったという。

この一件はそれなりの騒ぎになった模様で、同年七月の地元紙に掲載されている。記事では右記の怪異譚を紹介したのち、山元隧道そばに建つ葬儀場の職員にコメントを求めている。以下は、その職員の発言である。

「一度供養してからは噂もなくなっていたのだが……とりあえず花と線香を供え、塩でも撒いておかないと」

供養してからは——とは、どういう意味なのか。

弔わなければいけない〈なにか〉が、過去にこの隧道であったのだろうか。

さいのかわら――（酒田市）

日本海に浮かぶ山形県唯一の離島、飛島には「死人のための場所」がある。島の西側に位置する海岸〈賽《さい》の河原〉には、潮によって水死者が流れつくのだという。丸石で埋め尽くされた浜には小石が積みあげられており、三途の川になぞらえた名前のとおり、この世のものとは思えぬ奇怪な風景が広がっている。

もっとも、怪しいのは景色だけではない。民俗学者の早川孝太郎は大正十四年に飛島を訪れ、賽の河原を以下のように記している。

【賽の河原は、島の西の端《はず》れであった。死んだ人はみな行くと謂う。何だか知らぬが、行く事は確かだと、誰も彼も云うている。近くの山で草など刈っているといい聲《こゑ》で唄を歌いながら、脇の徑《みち》を河原の方へ通るのを聞くそうである。そんな時は、屹度《きっと》村で誰か死んだという】

『羽後飛島図誌』

それから百年、いまなお賽の河原は不思議の多い処である。

此処に立つ地蔵は、波打ち際から離れているにもかかわらず常に濡れており、海で誰か死んだときには、浜際から地蔵まで続く小石群もびっしょり濡れるのだという。

また、積まれた小石を何度崩しても翌朝には戻っているとの話もある。夜にこの場所を訪れると、泣きながら小石を積む音や石が崩れる音を聞くともいう。

そのような処ゆえ、島の人間は滅多に近づかない。

いつも余所者ばかりが踏み入っては、奇妙な譚を置いていく。


明治四十四年のこと。

島の遠賀美《おがみ》神社を修理するために、数名の大工が秋田から呼ばれてきた。

依頼主は山ひとつ先に宿を用意したのだが、大工たちは「毎日山越えをするのも大変だ、近くの賽の河原に寝泊まりする」と言いだした。結局「止《よ》したほうが」と忠告する島民を笑い飛ばし、大工は突貫工事で小屋を建ててしまった。

すると、島に着いて二日目の夜。

夕食を終え、小屋で横になっていた一行は怪音で目を覚ました。

おゔ、おゔ、おゔおゔ。

啜《すす》り泣きとも高笑いともつかぬ不気味な声が、外から聞こえている。

「……島の猫が啼《な》いているんだろう」

「ああ、もしかしたら海鳥かもしれない」

怖さを吹き飛ばそうと誰かが呟き、誰かが答える。

とたん、声が一気に増えた。

哄笑が、嗚咽が、絶叫が浜いっぱいにこだましている。かぼそい囁きが垂れ筵《むしろ》のそばで聞こえ、遠くでは長閑《のどか》な歌が響いていた。

その夜は全員、恐怖のあまり一睡もせずに朝を迎えた。

そして——次の夜も、その次の夜も、おう、おうの声は止むことがなかった。さすがに大工たちも堪らず賽の河原を引きあげ、残りの日は村里から通ったそうだ。


あるいは、こんな譚も語り継がれている。

昭和のはじめ、庄内の若い僧が飛島を訪ねてきた。「賽の河原にさまよう霊を、私の力で成仏させてやろう」と意気揚々、乗りこんできたのである。

僧は卒塔婆を何本も立て、行者小屋に籠って供養を続け——。

いつのまにか行方知れずになった。

離島であるから船に乗らなければ酒田まで戻ることはできない。しかし、島の船乗りで僧を乗せた者など誰も居なかったという。

結局、僧はそのまま二度と見つからなかった。

賽の河原における最大の禁忌は「石」である。

此処に転がっている丸石は「ひとつたりとも持ち帰ってはならない」と強く戒められているのだ。にもかかわらず不遜な輩《やから》はあとを絶たない。

そして――奇《めず》しい目に遭う。

平成十九年九月の山形新聞に【飛島の石お返しします】なる記事が載った。

記事によると、酒田港と飛島を結ぶ定期船の事業所に段ボール箱が届き、三キロほどの石と一万円が入っていたのだという。同封の手紙には「飛島からこの石を持ち帰ったが、十年ほど入退院を繰りかえしたため、浜に返してほしい」との旨が記されており、〈米沢市・鈴木[redacted]〉と住所氏名も明記されていた。

しかし、米沢市役所へ確認したところ、そのような人物は実在しなかった。

偽名なのか、別な理由があったのかは不明のままである。

定期船事業所によれば「石を賽の河原に返却してもらうため、事業所前にそっと置いていく事例は、いまも年に一、二度ある」らしい。

持ち帰った者になにが起こったものか、ぜひとも訊いてみたいところだ。

テキを這うもの――（酒田市）

賽の河原から島の外周に沿って十五分ほど歩いた先に〈テキ穴〉がある。海岸の侵食によってできた洞窟なのだが、古くより「立ち入るべからず」と侵入が固く禁じられており、内部を知る者は長らく誰も居なかった。

風光明媚な飛島だが、禁足地は存外に多いのだ。


Y氏は平成半ばに飛島を訪れた際、このテキ穴を探索している。

もちろん、聖域を穢すために来島したわけではない。そもそも、島に来るまでテキ穴の存在さえ知らなかった。ただ、宿の主人へ「ジョギングにお薦めの穴場はないですか」と訊ねたところ、いきなり「テキ穴には行ぐなよ」と念を押されたのである。

「穴場と聞いて反射的に〈穴〉を想像したのだな」と、なんとなく察しはついたものの、わざわざ「行くなよ」と云われてしまえば、却《かえ》って気になる。

そこで、彼はこっそり向かった――のだが。

「……なんだよ、これ」

テキ穴を前に、氏はいささか落胆していた。

野趣あふれる秘密めいた洞窟——そんな想像に反し、テキ穴の入り口はコンクリートで固められていた。どう見ても進入を厭うような造りではない。

あまり期待できないけど、ひとまず覗いてみるか。

気を取りなおして足を数歩進めるなり、彼は自身の誤解を悟った。補強されていたのは入り口の数メートルのみで、内部はまごうことなき天然窟だったのである。

荒削りの岩壁が両端に迫るなか、電灯の鈍い光をたよりに人ひとりやっと通れるほどの隙間を前進していく。あまり長居したい空間ではないが、足もとには大小の石が無造作に転がっており、歩調を速めることもままならない。

転ばぬよう慎重に歩いていると、いきなり視界が大きく拓《ひら》けた。

辿りついたのは、広々とした岩室である。

天井までの高さはおよそ五メートル、奥行きは十メートル半といったところだろうか。器物の類は見あたらないものの、そこはかとなく人の気配が漂っているように思えた。

此処に棲んでいたのか。

でも、誰が、なんのために。

答えも見つからぬまま、がらんとした空間を見つめていた——そのとき。

かかかか。

かかかかかか。

蹄《ひづめ》を思わせる音が背後で聞こえた。

慌てて振りむいたものの、光も射さぬ岩室《いわむろ》とあってなにひとつ見えない。

野生動物だろうか。コウモリにしては音が大きい。ネズミ、カエル。あるいは野良猫か。

待てよ、もしも天井が崩落する兆しだとしたら閉じこめられてしまう。

不安に駆られ、急いで脱出しようと踵《きびす》をかえす。

と、一歩踏みだした視線の先に——音の主が姿を見せた。

人間だった。

人間の〈切り落とし〉だった。

肘から先が失く、膝から下が失せ、肩口から上が消失している。首なしの胴体は、申しわけ程度に残っている腕と脚を器用に使い、地べたをかかかかと這っていた。

なんだ、これ——呆然と眺めるうち、ふいに気づく。

〈切り落とし〉は青いシャツを着ていた。

自分がいま身につけているものと、うりふたつのシャツだった。

「なんで」

声を漏らしたところまでは記憶にあるものの、どうやって旅館まで戻ったかは、あまり憶えていない。我にかえると、広間に置かれている旧《ふる》いマッサージチェアで放心していた。誰かに云いたくはあったが、「行くな」と忠告されていた手前、主人には告げられない。それに——もし口にすれば〈あれ〉が来るような気がしてならなかった。

だからY氏は、島を離れるまでの二日間、じっと旅館に籠って過ごしたのである。


それから、十五年あまり。

いまはあの異様な体験も、大切な思い出のひとつだとY氏は笑う。ただ、飛島にはまた行ってみたいと思っているが、二度とテキ穴へ近づくつもりはないそうだ。

「あのときね、〃次はこうなるぞ〃と警告されたような気がするんです。でも……なにをすればあんな非道い状態になるんでしょうね。いや、想像もしたくないですけど」


〈テキ〉の語源は明瞭《はっき》りしない。

一説によればテキは漢字で〈狄〉と書き、「えびす」とも読むことから水死者《エビス》を弔った場所ではないかといわれている。また、疫病で弱った者を放置する処だったとの説もある。

ちなみにテキ穴では昭和三十九年、掟を破り侵入した地元中学生が人骨を発見している。見つかった骨は合計二十二体。新潟大学と致道《ちどう》博物館が調査した結果、骨は平安時代のものと判明したが、なぜ此処に棲んでいたのかは現在も不明のままだという。

両羽幽霊考――(酒田市)

小学生のとき、お化けァ見だことがありましての。

我が家の近くは最上川が流れておりまして、両羽橋《りょううばし》という橋ィ架がっておったんです。まンず大きい橋での。子供の足で渡りきるに十五分は要るもんださげ、億劫《おもやみ》ではあったんですが、岸向こうに伯父の工場《こうば》があったさげ、お遣いに行がされでおったんです、あい。ンで――秋の終わりでねがったべが。きれいな夕焼けの日での。伯父のところめざして、両羽橋を歩《あり》っておったんです。しぇば《すると》、百メートルくらい前に綺麗な着物姿の姉《あね》ちゃが立ってあんですよ。いや、和装はなンも珍しくねがったのす。そのころの酒田だば、いまよりも芸妓さんが居りましたからの。子供も着物は見なれでおったんで。ンだども――その姉ちゃ。

顔が、真っ赤での。

ぶずぶずに熟れだ柿みでェな色の顔での。

長ェ髪ざばざば垂らしたまま欄干《らんかん》を掴んで、川ァじいっと見でおるんです。血ィ流してあンだが、皮ァ剥げで肉見えでらんだがは遠目で判りませんでしたけどの。

大人だば「なじょしたや《どうしたの》」と声掛げるんでしょうけど……ほれ、そごは子供ださげの。

まンず驚《おぼ》げでしまって、知らねフリして横を通ったんす。

ま、そェでも気にはなったんだの。んださげ、二、三歩行って振りむいだら――。

居ねェなよ。

姉ちゃ、何処サも見えねェなよ。

橋ださげ逃げ場だのねェし、川サ落ぢだれば水音が聞ごえっしの。

いや、おんおん泣いで工場サ走ったっけの。ンでも伯父だば「へずげだ《そんな》話あろばや《あるかよ》」ど笑っでの、それで終いであったっけ。

ンだがら、いままで誰サも云わねであったんです、あい。

両羽橋ァすっかり新しぐなったけど、いまでも綺麗な着物ど赤い顔は忘れらんねっけ。

あの姉ちゃ、誰であったんだがの。


【七十代男性・酒田市出身】

右記は、二〇二一年九月に庄内町立図書館で怪談会を催したおり、終演後に参加者より聞いた譚である。

両羽橋は酒田市の最上川に架かる橋で、明治二十七年に初代の木造橋が架設。交通量の増加にともない昭和十一年九月に鋼鉄製の二代目が開通している。およそ七百メートルの全長をほこり、当時は東北でもっとも長い橋として評判になったという。

そんな、東北最長の橋にあらわれた和装の幽霊――。

水面を静かに見つめる、赤い貌の女――。

幽霊譚としてはスタンダードな部類だが、歴史的な背景が判れば面白くなりそうだ。

酒田は北前船《きたまえぶね》によって栄えた山形随一の湊町《みなとまち》である。豪商が多いためにお座敷や料亭が発展した。いまも酒田舞娘《まいこ》が人気を博しており、市内で目にする機会も少なくない。

そのあたりに幽霊の正体を突きとめる糸口があるのではないか。

さっそく私は、男性の目撃談に該当する事例がないか調べることにした。

＊＊＊

手はじめにインターネットで【両羽橋／心霊】と検索してみたところ、心霊スポットを紹介する複数のサイトで、以下のような情報が散見された。

《酒田市の両羽橋に、交通事故で亡くなった女子高生の幽霊が出る》

幽霊の真偽はさておき、両羽橋では実際に事故が起こっている。

昭和六十年二月二十五日、両羽橋で前の車を追い越そうとした車が猛スピードで前車に衝突。二台は欄干を突き破って転落し、五名が真冬の川に投げだされたのである。捜索の結果、四名の遺体が水中から発見されるという酒田史上最大の輪禍となった。

そう、見つかったのは四名。五名中ひとりは行方不明のままなのだ。その行方知れずの人物こそ、当時高校三年生だった十八歳の女性なのである。

つまり、先の幽霊譚は事実を下敷きにしている——のだが。

違う。

時系列が合わない。

冒頭の体験を語ってくれた男性は七十代。赤い顔の女を目撃したのは、昭和二十年代である。事故が起きた昭和六十年にはとっくに成人を迎えているから、さすがに記憶が混同したとは考え難い。すなわち、彼が遭遇したのは別のお化けということになる。

事故以前も、この橋には幽霊が出たのだろうか。

記録を遡《さかのぼ》っていると、昭和十一年十一月六日の山形新聞に【妙齢の女の幽霊が夜毎両羽橋へ】なる見出しの記事が見つかった。地元紙が載せるほどの幽霊騒ぎがあったらしい。

記事によれば、当時開通したばかりの両羽橋に夜な夜な女の幽霊が出没しては疾駆《しっく》する自動車へ乗り移ってくるのだという。幽霊が乗ると車が急に重くなり動かなくなるため、運転手はこの橋を通過する際は目を瞑ってアクセルを踏んだ――と記されている。

有名なタクシー幽霊の亜流といった趣きだが、記事では続けて「この橋の工事中、穴に落ちたまま生き埋めになった朝鮮人労働者の霊ではないか」との噂を紹介している。

当時、酒田港湾や近郊の田川炭鉱では多くの朝鮮人が理不尽な労働に課せられており、温海町には朝鮮人を皇国臣民に教育するための施設、山形県朝鮮壮丁錬成所も存在した。

そのような背景、端的に云うなら「差別意識」と「それに対する後ろめたさ」が幽霊の正体についての憶測を生んだであろうことは想像に難くない。

この世に怨みを残した者が幽霊になる――との一般論に倣うのであれば、祖国から徴用されて異国で死んだ彼らは、その資格をじゅうぶんに有している。

とはいえ、労働者と妙齢の女性ではあまりに外見の隔たりが大きい。

記事中でも酒田土木出張所の技手が「作業員に朝鮮人はひとりも居なかった」と風説を否定している。技手の反論を補うように、記事は「あの付近に網を張ってゐて、通行人に春を売る辻君の類であらう」と結ばれている。辻君とは、往来に立って男性を誘う職業の俗称である。そこはかとなく侮蔑の垣間見える文だが、ひとまずその点は置いておこう。

いずれにせよ、両羽橋に出没する幽霊は女性と考えて間違いないようだ。それも、夜の花街を想起させる艶やかな衣装であったとおぼしい。

いったい何者なのだろうか。

＊＊＊

さらに資料を漁るうち、昭和六年にも幽霊騒動が起こっている事実が判明した。

発端は昭和四年に発生した殺人事件である。この年の十月、酒田市寺町に住む十六歳の少女が乱暴されたすえに絞め殺され、畑で死体となって発見されているのだ。

家が貧しかった少女は家計を助けようと、夜の酒田へ辻占煎餅《つじうらせんべい》を売りに出かけていた。辻占煎餅とは御神籤《おみくじ》が封入された菓子で、当時はカフェーや料亭の客が余興の一環として買い求める習慣があったのだという。

その煎餅を健気に売り歩くなか、少女は卑劣漢に陵辱されて命を落とし——。

怨霊になった。

昭和六年の両羽朝日新聞に【辻占娘の怨霊】と題された記事が載っている。

記事によれば「少女が殺されて以来、殺害現場付近では謎の交通事故や事件が多発しており、加えて周囲の住民がいきなり亡くなる事例が頻発した」のだという。

慄いた人々が町内に住むミコへ託宣を依頼すると、

「其れは殺された娘である。無縁仏や亡霊を引き連れ禍を撒き散らしているのだ」

そのように答えたことから一同は戦々恐々となり、慌てて近くの寺へ供養地蔵を納め、娘の菩提を弔った――と、記事は一連の騒動をまとめている。

ちなみに「辻占地蔵尊」と命名されたこの地蔵は、現在も同市宮内にある。


地図で確認したところ、少女の生家と両羽橋は徒歩三十分ほどの距離であった。

当時の感覚で考えれば、さほど遠くはない。だとすれば両羽橋に出るのは絞め殺された辻占娘なのだろうか。

否、そのように断言するのは早計に思えてならない。

いでたちが違いすぎるのだ。

昭和二十四年の『アサヒグラフ』一月二十六日号に「辻占売りの少女」という小特集が掲載されている。大阪に暮らす貧しい幼女が夜の歓楽街で辻占（こちらは煎餅ではなく、炙ると文字が浮きあがる御神籤らしい）を売り歩く様子を撮ったルポルタージュである。被写体の少女は酒田の辻占娘よりずいぶん幼く、戦前と戦後の時代差もあるため単純に比較はできないが、すくなくとも華やかな服装ではない。酒田の少女も貧しさゆえの商売だった事実を鑑みれば、きらびやかな格好をしていたとは考えにくい。

だとすれば〈あの女〉ではない。

きらびやかな衣装。芸妓然とした風貌——そこで私は、はたと気がついた。

もしや赤い顔の幽霊は、酒田震災の犠牲者ではないのか。

＊＊＊

明治二十七年十月二十二日、午後五時三十五分。

庄内地方をマグニチュード七・五の地震が襲った。俗に「庄内地震」「酒田震災」などと称された、内陸直下型地震である。

『両羽地震誌』によると庄内全域の被害は死者が七百四十人、家屋全壊は六千戸、火事による焼失はおよそ四千五百戸にのぼっている。ちょうど夕食時であったため竈《かまど》やランプに火を入れている家が多く、揺れ以上に火災の被害が甚大だった。とりわけ酒田市中心部は悲惨なありさまで、総戸数の八割が焼失している。

画家・恒川鶯谷《つねかわおうこく》は、当時の惨状を六枚組の版画『酒田大震真写図』に描いている。「船場町《ふなばちょう》湯屋崩潰烈火焼死之図」と銘打たれた画には、柱に挟まれ下半身を押し潰された女が、逃げだす男の袖に縋りつく様子が描かれている。画には「久吉という芸者、戸口に出かかったときに激震に襲われ、棟柱で足が下敷き、全身火に包まれて叫び死んだ」との説明が添えられている。

また「船場町旅人宿大火遭遇之図」なる画には、炎に巻かれて血を吐きながら宙を舞う女と、折り重なった血まみれの死体が写されている。こちらの説明も「人々は脳を砕き、腕を折り、鮮血に染まって死んだ」と、なかなか凄まじい。

残りの四枚も素描のごとき精密さであることを鑑《かんが》みれば、芸者の久吉にも宿屋の女にもモデルが存在した可能性は高い。ほかにも「猛火に追われ、瀬戸物屋の大甕《おおがめ》に潜った者が蒸し焼きになって死んだ」との記録や「わが子を見れば家に折り敷かれ、急ぎ引き出せば肉裂け、骨あらわる」との生々しい記述も残っている。

まさに生き地獄、目を覆いたくなるほどの惨状である。

だが――明治政府は援助の手を差し伸べなかった。

当時、日本は日清戦争のまっただなか「田舎の地震など構ってはいられない」と酒田を見捨てたのである。事実、救護資金の大半は民間人の喜捨《きしゃ》で賄われたという。

それから半世紀が過ぎたころ、酒田には最新式の橋が架かり、その上を文明の利器たる自動車が悠々と通りすぎるようになった。

時代は移ろい、街も人も変化を遂げていく。

まるで、災禍などなかったかのように。七百人の死者など居なかったかのように。

赤い顔の女は、その無念を訴えていたのではないか。だから、震災で亡くなったときの装束をまとい、潰れた顔もあらわに、橋上へ姿を見せたのではないか。

忘れるな、お願いだから私たちを忘れるな――と。

＊＊＊

両羽橋は平成三年に三代目が完成、現在も交通の要所となっている。幸いにも三代目の橋では、いまのところ怪しい目撃談はない。

幽霊は何処へ行ったのだろう。

そういえば、山形には「死者は山へ戻っていく」との言い伝えがある。
両羽橋にあらわれた女も、無事に山へ還ったのだろうか。

西向く仁王――（酒田市）

辻占娘が暮らしていた寺町に、龍巌寺《りゅうごんじ》という真言宗の寺がある。

入口は仁王門になっており、門の左右では阿吽《あうん》の像が睨みをきかせていた。

その仁王について、酒田市の語り部・佐藤公太郎翁がこんな譚を残している。


あるとき、いつも南側を睨んでいるはずの仁王が身体の向きを西に変えていた。

「おが《変》しちゃ《だな》。誰ァ悪戯したォんだが」

近所の者は首を傾げつつ、本来の南向きに仁王を戻しておいた。

ところが翌日になると、仁王は再び西を向いているではないか。

「不思議だちゃ」と人々が云っていた、そのさなかに――酒田震災が起こった。

「仁王は地震の兆しを告げていたのではないか」

地震後、人々はそのように噂したそうだ。


酒田震災の震源地は北緯三十八・九度、東経百三十九・九度。

調べてみると同市茨野《ばらの》あたりで、ちょうど龍巌寺の真東になる。
西向く仁王は、震源から遠ざかるよう促していたのだろうか。

大火観音――（酒田市）

震災から九十年後、酒田は再び未曾有《みぞう》の災害に見舞われる。

昭和五十一年十月二十九日の夕刻――市内中心部の映画館で発生した火災はおりからの強風にあおられて延焼。隣接する六階建てのデパートを火柱に変え、さらに商店街を走り抜けて扇状に市内を舐めつくすと、翌朝になってようやく鎮火した。

俗に「酒田大火」と称された火災は死者こそ一名に留まったものの、焼失面積はおよそ二十二万五千平方メートル、焼失建物数は約千七百棟にもおよんだ。

戦後四番目の被害となった酒田大火は「二度と繰りかえすまい」との思いから、現在も市民によって語り継がれている。そして、そのなかには奇妙な記録も珍しくない。


中ノ口橋近くに住んでいた主婦の譚である。

火災時、彼女は火の勢いに身の危険を感じ、隣家の主婦と戸外へ脱出していた。

気づけば、紅蓮《ぐれん》の炎は眼前まで迫っている。風向きによってはいつ自宅を飲みこんでもおかしくない距離だった。

どうしよう、どうしよう。彼女が為すすべもなく右往左往していると、
「ねえ……ちょっと」
隣で火の手を見守っている主婦が袖を引き、かなたを指した。
橋の傍らに建っている小さな観音堂――その屋根に誰かが立っている。
「あっ」と、ふたりは揃って声をあげた。
人影は観音様だった。
お堂に祀られているはずの観音様が屋根の上に立ち、炎をじっと見つめていた。
思わず彼女が合掌して拝むなか、火は観音堂の手前で別方向に流れていった。
おかげで、女性の家は焼失を免れたのである。

火難譚――(県内全域)

酒田大火以外にも、火災のおりに奇妙な出来事が起こったとの記録は多い。

たとえば鶴岡市の温海温泉は昭和二十六年四月、大火によって民家二百五十一戸と旅館十九棟、寺や神社にいたるまで温泉街一帯を焼き尽くす「温海大火」に見舞われた。

このとき、人々のあいだでは「火事の数日前に、猟師が山で大猿を撃ち殺した。大火は猿の祟りに違いない」との噂が駆けめぐったという。

陰陽《いんよう》五行説で猿は水を司るとされ、火の象徴である馬を制御する役と考えられていた。温海温泉の噂も、そのような猿に対する信仰が土台にあったのだろうか。

では、大火にまつわる山形の奇譚を旧い順に辿ってみよう。


鶴岡では、温海大火の百五十年前にも「蓮台《れんだい》火事」という大火が発生している。

火は文化四年の四月八日午後二時ころ、市内十三軒町にある曹洞宗の蓮台院から出火。月山ダシと呼ばれる東風にあおられ燃え続け、市内千三百戸を焼いてようやく鎮《しず》まった。

この大火に関する奇妙な譚を、鶴岡の文人・大泉散士の祖父が語っている。

その日、同市南町の人々は稲荷明神にミコを招いていたのだという。

と——みなが見守るなか、ミコはいきなり身体を激しく震わせると、

「古来いまだ聞かず、未来永劫また有りとも思えぬ大火災が起こる」

そのような託宣を告げた。

つまり、「あとにも先にも聞かないほどの大火事が起きる」と宣ったのである。

集まった人々はたいそう驚き、「其れは何時ごろぞ」と口々に訊ねた。

すると巫女はげさげさ笑って、

「ただいま直ぐだ」

愉快そうに云いはなった。

いま直ぐとは、いくらなんでも有り得ないのではないか。全員が信じられぬ思いで顔を見あわせていた——その矢先。

町じゅうの半鐘がいっせいに鳴った。

まさにミコが予言する直前、蓮台火事の火の手があがっていたのである。

＊＊＊

高畠町亀岡の松高山大聖寺《しょうこうさんだいしょうじ》は、置賜地方を代表する古刹である。

平安時代に奈良東大寺の住職が平城《へいぜい》天皇より勅命を受け、文殊《もんじゅ》菩薩を移したことから「亀岡文殊」の俗称で親しまれており、境内には文殊堂のほか、伊達政宗が寄進した鐘や直江兼続の詩歌が祀られた宝物殿などが置かれている。

そんな亀岡文殊でひときわ目を惹くのが、文殊堂正面に置かれた大黒天の像である。「重くなれ」と云えば重くなり、「軽くなれ」と願えば軽くなるこの大黒天像、実は不思議な謂れを持っている。〈走り大黒〉とも呼ばれる〈生き仏〉なのだという。

あるとき、生き大黒の評判を聞きつけた小森沢仁右衛門という米沢藩の家臣が「斯様《かよう》な怪しき像は狐狸の変化に違いない」と、肩をいからせて亀岡文殊を訪れた。

ところが、いざ正体を暴かんと大黒を斬りつけたところ、像の左肩から血のように赤い液体がじくじくと滲んでくるではないか。仁右衛門は驚いて亀岡文殊から逃げ去ったが、それから数年後、彼の屋敷から出た火によって町は大火に見舞われてしまった。

このとき、米沢の空に浮かびあがる大黒の御尊体を、多くの者が目にしたそうである。

なんとも信じ難い不気味な譚だが、火事は元治元年の四月十五日、本当に発生している。その名も小森沢火事――大黒天を斬った小森沢仁右衛門の家が火元なのである。

仁右衛門宅の竈から出た炎は西風も手伝って、米沢城下の大部分を焼け野原に変えた。町屋敷や侍屋敷、寺院に藩庁舎、はては城内二の丸まで合計千二百軒以上が焼失、七人が死亡する事態となっている。

ちなみに奈良国立博物館収蔵の伽藍神《がらんじん》立像は、亀岡文殊とおなじ〈走り大黒〉の異名を持っている。この立像、近年の研究で「監斎使者《かんさいししゃ》」と呼ばれていた事実が明らかになった。監斎使者は禅寺の守護神で、修行を怠る僧に釘を打ちこむ恐ろしい役を担っているのだという。また、韓国では監斎使者《チョスンサジャ》と呼ばれ、冥府の使者として畏怖されている。

冥府を走る釘打ち大黒――そのような恐ろしいものを斬ったのだとすれば、「大黒天の怒りで町が焦土と化した」との荒唐無稽な噂も、なにやら納得できてしまう。

＊＊＊

最上町の愛宕山《あたごやま》には、その名が示すとおり愛宕神社が置かれている。この社に祀られている愛宕権現は高所が好きな神で、そのため小高い山に鎮座しているのだという。

実はこの愛宕権現、「人々を殺す」と、ひそかに畏れられている。

昭和十七年四月十七日、最上町向町《むかいまち》では大火事が発生している。

火は向町から同町本城《ほんじょう》までの七キロをわずか三、四時間で焼き尽くした。焼死者は五名、重軽傷者八十五名にのぼり、およそ四百八十戸が焼失する惨事となった。

火事からまもなくが過ぎた、ある日のこと。向町の住人数名が、評判高いミコのもとを訪れた。向町大火の原因がいっかな判らぬため、理由を知ろうと尋ねたのである。

と、祈祷がはじまってほどなく――ミコが大きく目を見開き、太い聲《こえ》で名乗った。

「我は愛宕山の権現なり。此度《こたび》の火災は自分の仕業である」

一同は耳を疑った。愛宕権現は火伏せの神、鎮火神なのである。その愛宕様がなにゆえ火事を齎さなくてはならないのか。

おそるおそる問う住人へ、愛宕権現はミコの聲を借りてさらに告げた。

「ぬしらは日頃より、我を拝まず、信仰を忘れ、火を疎かにしている。だから見せしめに燃やしてやった。未だ終わらぬ。これから暫くは」

三人、もらっていく――。

愛宕権現の詞は、偽りではなかった。

それからしばらくのあいだ、向町では町民がひとり亡くなると、近隣で三人ばたばたと続けて死ぬ事例が相次いだという。

これは〈三人死にの不思議〉と呼ばれ、いまも町では畏れる者が多いそうである。

石の裏には——(中山町)

中山町の歴史民俗資料館には、オナカマが使用した呪具や絵馬、オシラ神の一種である〈トドサマ〉など貴重な信仰資料が展示されている。各資料に添えられた丁寧な解説は、オナカマ研究に生涯を捧げた民俗学者・烏兎沼宏之《うとぬまひろし》氏がすべて記したものである。

昭和四十四年、烏兎沼氏はオナカマの霊場とされる岩谷《いわや》十八夜観音堂で、巫具をはじめ多数の信仰資料を発見。それを契機に本格的な調査研究をはじめた。氏は存命するオナカマやワカを訪ねて聞き取りをおこない、それまでほとんど明文化されていなかった信仰の背景を詳《つまび》らかに記録する。そして、これらの調査資料を文化庁へ提出した結果、『村山地方のオナカマ習俗』は昭和五十九年、国指定重要無形文化財に指定されたのである。

彼の尽力がなければ、オナカマの存在は誰にも顧みられぬまま忘れ去られ、観音堂ごと朽ちていたに違いない。

習俗も信仰も、そして不思議な譚も、談《かた》る者と遺《のこ》す者が居なければ消えてしまうのだ。

もっとも、烏兎沼氏自身はオナカマを超常的な存在と認識してはいなかったようだ。

彼の自著『霊をよぶ人たち』には「神や仏になりきって、お告げをしたり、祈祷をしたり、呪術をおこなったり、治療をほどこしたりするオナカマの行いは、同時に俳優であり、歌手であり、語り部であるといってもよいのだ」と記されている。

ところが、そんな氏ですら不思議に思えてならない出来事が、ひとつだけあった。

オナカマが文化財登録に指定され、慌ただしい生活もようやく一段落したころ。

氏の細君が夜ごと魘《うな》されるようになった。毎晩おなじ時刻になると顔を歪ませ、苦悶の声を延々と漏らすのである。病院で診てもらったが悪いところは見あたらず、持病の薬を変えてみても効果がない。そうしているあいだも、細君は毎晩のように呻《うめ》き続けている。

いったい、どういうことだ。

これでは、まるで自分が調査してきた〈オナカマへの相談事〉そのものではないか。

氏が悩むなか——転機は唐突に、予想だにしなかった形で訪れる。

そのころ烏兎沼邸では、毎日のように庭師が訪れては庭の植木を動かしていた。自宅の前を走る町道の拡幅にともない、庭の一部を削る必要が生じたのである。

そんなわけで、その日も庭師はいつもどおり黙々と作業をしていた——のだが。

「あの」

庭師が、縁側で佇んでいた烏兎沼氏へ唐突に声をかけるや、

「これ、どうしましょうか」

そう云って、庭の隅を指した。

しめした先には、扁平の大きな石が転がっている。氏が幼少の時分からある庭石だが、いつ敷かれたものかは家族の誰も知らなかった。

「転がしておくわけにもいかないしなあ……ひとまず、動かしてもらえるかい」

そのように頼んで居間へ戻ろうとした矢先、

「えっ」

大声が聞こえた。

「今度はなにごとだ」と氏が庭まで降りてみれば、当の庭師は引っくりかえしたばかりの庭石を、呆然とした表情で見下ろしている。

石の裏には、なにやら文字が刻まれていた。

顔を近づけてそれを読むなり、今度は氏の口から「あっ」と叫びが漏れた。

《十八夜《じゅうはちや》供養塔》

庭石は、オナカマが信仰する十八夜様《トヤサマ》を祀った石塔の欠片だったのである。

彫られている年号は宝暦三年。氏が調査したなかでも最古の供養塔だった。

自分がオナカマを知るずっと前から、彼女たちにまつわる石と暮らしていた――そんな奇縁があるものだろうか。

否――。

山形だもの、そういうことだってあるのだろうな。

だとしたら、私はこの石に招ばれてオナカマと出逢ったのかもしれないな。

氏はおおいに得心し、家の敷地へ供養塔を立てて祀ったという。

そして。

その日を境に、細君はぴたりと魘されなくなったのである。

■参考文献

『あきた怪異幻想譚』加藤貞仁（無明舎出版）／『朝日村史 下巻』朝日村村史編さん委員会編／『あしなか』第百五十一号「羽前金目の狩猟伝承」佐久間惇一（山村民俗の会）／『飯豊山麓おぐにの伝承』小国町企画開発課編／『羽後飛島図誌 炉辺叢書』早川孝太郎（郷土研究社）／『羽前・最上小国郷夜話』佐藤義則編（山形郷土文化研究所）／『大泉百談』杉山宜袁著・大泉散士訳（阿部久書店）／『大江の民話』無心塾編／『置賜民俗記』武田正（みどり新書）／『大蔵村史』大蔵村市史編纂委員会／『大郷の伝承』山形市大郷郷土研究会編／『尾花沢伝説集』尾花沢高校郷土研究部編／『かっぱの硯 長井市・米沢市六郷の昔話』山形短期大学民話研究センター編／『かつろく風土記』笹喜四郎編（新庄市教育委員会）／『上山見聞随筆』菅沼定昭（上山市教育委員会）／『季刊民話』第二号「最上川の伝承」民話と文学の会編／『北村山地方の民話（伝説編一）』滝口国也編（東根市民話の会）／『櫛引町史』戸川安章編（櫛引町）／『慶応義塾大学大学院社会学研究科紀要』六十三号「霊魂観と死者の記憶：山形県飽海郡遊佐町を事例として」西村理／『月刊かみのやま』二〇二〇年六月号「滝不動に残る伝説」岩井哲／『研究

収録　寒河江川流域の民話』山形県立寒河江高等学校社会部編／『現代民話考Ⅰ　河童・天狗・神かくし』『現代民話考Ⅵ　銃後』『現代民話考Ⅻ　写真の怪・文明開化』松谷みよ子（立風書房）／『蔵王地蔵尊』蔵王地蔵保存会編／『酒田市史　改訂版』（酒田市）／『酒田・飽海の珍談奇談』伊藤安記（東北出版企画）／『ざ　ようかまち　そして　くらのまち』八日町文化部編／『さるむこ田沢の伝説と昔話』武田正編（山形短期大学民話研究センター）／『山岳宗教史研究叢書五　出羽三山と東北修験の研究』戸川安章（名著出版）／『樹木の伝説』若松多八郎（東北出版企画）／『狩猟伝承』千葉徳爾（法政大学出版局）／『庄内・酒田の世間話　佐藤公太郎の語り』阿彦周宜（青弓社）／『庄内の海岸・伝説と由来』庄司秀春（六兵衛館）／『庄内の怪談』畠山弘（阿部久書店）／『庄内散歩』昭和五十一年八月号「庄内の怪談」（東北出版企画）／『荘内史要覧　鶴岡市史資料篇　荘内史料集』鶴岡市史編纂会／『庄内昔ばなし』大泉散士（阿部久書店）／『昭和戦前期怪異妖怪記事資料集成（上）』湯本豪一編（国書刊行会）／『しらたかの民俗百話』奥村幸雄／『新庄領村鑑』新庄デジタルアーカイブ／『新編妖怪叢書三　迷信解』井上円了（国書刊行会）／『仙台マタギ鹿狩りの話』毛利総七郎・只野淳（慶友社）／『続庄内奇談』畠山弘（阿部久書店）／『村史なかつがわ』中津川村史編纂委員会編／『だいごのむかし』寒河江市立醍醐小学校編／『大泉叢誌』第七集「巻百五　近世怪變」（致道博物館編）／『高畠町伝説集』高畠高

等学校文芸班編／『高畠町伝説集　安部名平次翁と鏡宮勢翁の夜話』高畠高等学校社会班編／『立川町の歴史と文化』立川町教育委員会編／『中央公論』二〇二二年五月号「触れ得ない存在となった現代のイタコ 失われた死者の声を聞く日常」大道晴香／『鶴岡百話 ふるさとの伝承』梅木寿雄編／『つゆふじの伝説』阿部忠内稿・武田正編／『出羽今昔物語』安彦好重（誌趣会）／『東北宗教学』六巻「歯骨納骨の変容―村山地方における葬送習俗を通じて―」山下亮恂（東北大学大学院文学研究科）／『飛島伝承ばなし』本間又右衛門（本の会）／『とみなみものがたり』村山市立富並小学校編／『にしかた物語』熊谷宣昭編／『西袋の歴史と民俗』西袋部落会編／『日本随筆大成 第二期第二巻』日本随筆大成編輯部編／『日本民俗学』第一九九号「山形県内陸地方の民間巫女オナカマについて」鈴木清訓／『日本民俗誌集成』第三巻 東北編（三一書房）／『羽黒山二百話』戸川安章（中央企画社）／『ヒューマン・サービス』昭和四十七年一月号「首塚 宅地造成に上泉主水のたたり」後藤嘉一（社団法人ヒューマン・サービス研究所）／『舟形町伝説集』舟形町郷土研究会編／『船引町史 民俗編』船引町教育委員会・船引町史編さん委員会（福島県船引町）／『ふるさと朝日町 伝説と地名』長岡幸月編／『古里のむか志 第二集』寒河江市老人クラブ連合会／『宮城縣史 民俗三』財団法人宮城県史刊行会編／『民俗採訪 山形縣南置賜郡中津川村』國學院大學民俗學研究會編／『民話と文学』第二十二号「羽前大蔵の伝承」

／第三十五号「秋田・山形の伝承」民話と文学の会編／『村巫女オナカマの研究』烏兎沼宏之（藻南文化研究所）／『村山市史 地理・生活文化編』村山市編さん委員会／『目で見るモリ（亡霊）の山』春日儀夫（エビスヤ書店）／『最上地域史』第三十五号「金山町三枝地区大又集落の「山の神の勧進」行事調査略報」大友義助（最上地域史研究会）／『最上の山の語り 信仰と伝承』大友義助編／『文殊の里・昔むかし』文殊大学特別講座委員会編／『八久和の民俗』庄内民俗学会編／『山形県史』資料篇三「米沢雑事記」山田近房（山形県史編纂委員会）／『山形県小国歴史伝説集』小国町青年会文化部編／『山形県伝説集』山形東高校郷土文化研究部編／『山形県西村山郡西川町 大井沢中村の民俗』佐藤義則編／『山形の民話』第三十一号「峠の怨霊―綱木峠―」武田正／第百六号「やまがたの鬼の系譜（三）」／第百二十六号「中津川の伝承」井上元一（山形民話の会）／『山形の伝説』山形とんと昔の会・山形民話の会・山形県国語教育研究会共編／『山形百年』（毎日新聞社）／『やまがた歴史と伝説』後藤嘉一（山形県民芸協会）／『山ことばと炉端話』（山村民俗の会）／『山寺百話』『続山寺百話』伊澤不忍著・伊澤貞一編（柏光書房）／『予防時報』百九十六号「蓮台火事」土岐田正勝（日本損害保険協会）／『米沢里人談』国分威胤（市立米沢図書館デジタルライブラリー）／『米沢市八幡原中核工業団地造成予定地内埋蔵文化財調査報告書』八幡原中核工業団地内遺跡調査団編／『霊をよぶ人たち』烏兎沼宏之（筑摩書房）

『朝日新聞』昭和五十年九月七日・昭和六十一年九月四日／『産経新聞』昭和五十八年五月八日／『庄内日報』昭和五十四年六月七日／『毎日小学生新聞』昭和四十年七月二十一日／『山形新聞』昭和五十二年二月二十三日・昭和六十四年八月十九日・平成三年四月二日（夕刊）・平成六年七月二十日・二十二日・二十六日・三十日・平成九年六月九日（夕刊）・平成十九年九月二十七日（夕刊）／『読売新聞』昭和五十三年九月二十七日・昭和五十四年十月二十五日

鶴岡市ＨＰ「旧町名とその由来」
https://www.city.tsuruoka.lg.jp/kurashi/jyutaku/turuokasinomatiooaza/shimin01kyuutyoumei1.html

山形市飯塚地区コミュニティセンターＨＰ「コミセンだより 飯塚の歴史」
http://www.yamagata-community.jp/~iizuka/rekisi1201.html

上山ふるさと散歩・講演会資料「上山藩の武士と庶民のくらし」（上山市立図書館）
https://www.kaminoyama-lib.jp/img/2022/furusatosanposiryou.pdf

取材協力

「ｇａｔｔａ！」編集部／上山市立図書館／酒田市立中央図書館／昭和村からむし工芸博物館／庄内町立図書館／白鷹町ハーモニープラザ／西川町図書館／東沢コミュニティセンター／東根市まなびあテラス／真室川町甑山探究会／山形県立図書館／山寺芭蕉記念館／遊佐町立図書館

山形怪談

2023年2月6日　初版第1刷発行
2023年6月25日　初版第2刷発行

著者……黒木あるじ
デザイン・DTP……延澤 武
企画・編集……Studio DARA

発行人……後藤明信
発行所……株式会社 竹書房
〒102-0075　東京都千代田区三番町8－1　三番町東急ビル6F
email：info@takeshobo.co.jp
http：//www.takeshobo.co.jp
印刷所……中央精版印刷株式会社